LE PROTESTANTISME CONTRE LES INDULGENCES

Protestantismes

Collection dirigée par
Gabriel de Montmollin et Bernard Reymond

Le protestantisme définit un large mouvement qui se développe dans le christianisme sur la dynamique de la Réforme religieuse au XVIe siècle. Marqué notamment par le souci d'établir le croyant dans son autonomie et sa responsabilité, le protestantisme exprime des convictions fortes sur le monde, la politique, la société et la religion, quand il n'est pas à l'origine de quelques-unes de leurs expressions les plus novatrices. Cette collection met en évidence toute une série de lieux, de groupes, de publics, de moments historiques ou de courants culturels dans lesquels le protestantisme a un rôle à jouer, une influence à réhabiliter ou des propositions à faire entendre.

Titres parus :

Bernard Reymond, Le protestantisme en Suisse romande, 1999.
Liliane Crété, Le protestantisme et les femmes, 1999.
Pierre-André Stucki, Le protestantisme et la philosophie, 1999.
Michel Leplay, Le protestantisme et le Pape, 1999.
Bernard Reymond, Le protestantisme et les images, 1999.
Maurice Baumann, Le protestantisme et l'école, 1999.
Pierre Bühler, Le protestantisme contre les indulgences, 2000.

Pierre Bühler

Le protestantisme contre Les Indulgences

Pour un Jubilé de la justification par la foi en l'an 2000

Labor et Fides

Du même auteur chez Labor et Fides :

Prédestination et Providence, 1999.

Comme (co-)éditeur responsable dans les ouvrages collectifs suivants :

Justice en dialogue, 1982.

La narration, 1988.

Humain à l'image de Dieu, 1989.

Science et foi font système, 1992.

Quand interpréter c'est changer, 1995.

Églises, terres d'asile, 1996.

Qu'est-ce qu'un pasteur ?, 1997

Sonnenberg. Une communauté mennonite des hauteurs jurassiennes, 1999.

ISBN 2-8309-0955-0

1, rue Beauregard, CH-1204 Genève
Diffusion en Suisse : OLF, Fribourg
Diffusion en France et Belgique : Le Cerf, Paris
Diffusion au Canada : Fides, Montréal
Graphisme et typographie : La Queue du Tigre
14, Quai du Rhône, CH - 1205 Genève

Sommaire

Introduction 11

1. Une « expérience Internet »…
2. Quelques événements étonnants
3. L'objectif du livre
4. Manque d'œcuménisme ?

PREMIÈRE PARTIE : **Les indulgences de l'an 2000**

Introduction 19

a) Une irritation œcuménique
b) Y a-t-il vraiment de quoi fouetter un chat ?

1. La bulle d'indiction « Incarnationis Mysterium » 22

a) Les fondements de la démarche
b) Le décret
c) Les différents signes du Jubilé
d) Une conclusion mariale et une annexe disciplinaire

2. La pratique des indulgences, ses abus, ses problèmes . . 27

a) Un peu d'histoire
b) L'Église puise les indulgences dans le trésor des mérites
c) Une pratique qui suscite des abus
d) La conception actuelle des indulgences

e) Qu'annonce le nouveau *Manuel des indulgences* ?
f) Les œuvres à accomplir pour l'obtention de l'indulgence du Jubilé
g) Le vieux problème de la justification par les œuvres ?

3. Les indulgences et la « Déclaration commune à propos de la justification par la foi » 44
a) Une contradiction pure et simple ?
b) La « Déclaration commune » : un consensus différencié
c) Quelques aspects étonnants de la genèse du texte
d) Le contenu du document
e) Pourquoi la « Déclaration commune » ne peut-elle rien contre les indulgences ?

Conclusion provisoire 52

DEUXIÈME PARTIE :
Les 95 thèses de Luther contre les indulgences

Introduction 55
a) Une multitude de problèmes historiques
b) Appel à un débat qui n'a jamais eu lieu
c) Redécouvrir quelques lignes de force des thèses

1. Au cœur du débat : le sérieux de la pénitence 60
a) Il n'en va pas simplement des abus

b) Une pénitence à bon marché
c) Toute la vie une seule pénitence
d) L'assurance de la pleine rémission

2. Ne pas négliger les bonnes œuvres 65
a) Un appel à la modération d'abord
b) Une fausse assurance pour la vie éternelle
c) Les indulgences du pape et la colère de Dieu
d) Un souci pastoral

3. L'Évangile, vrai trésor de l'Église 71
a) Puissance et impuissance des indulgences
b) Le péché et les péchés
c) La rémission : par la parole de Dieu
d) Différents trésors…

4. La piété de la croix 77
a) Théologie de la croix et théologie de la gloire
b) Deux sortes de croix…
c) La paix ou la croix
d) Scandale et folie

Bilan 82

Modeste proposition 86

TROISIÈME PARTIE :

Pour un Jubilé de la justification par la foi

1. Une notion vieillie - une notion à redécouvrir ? 90

a) Un peu d'histoire : la justice de Dieu – entre Abraham et Moïse
b) La justification par le sacrifice d'expiation du Christ
c) La liberté d'interpréter
d) La justice – une notion relationnelle
e) « Justification, justifier » dans l'usage actuel
f) Répondre de moi-même de manière ultime, ou : le paradoxe du péché
g) Une justice donnée : s'abandonner de manière ultime
h) La justification par la foi comme relation de confiance
i) La concordance à travers les discordances : « à la fois juste et pécheur »
j) En guise de transition

2. Plusieurs langages pour un même message 102

a) Quelques exemples bibliques
b) Un avenir ouvert – pour rendre présent au présent
c) Devenir « excentrique » – pour être recentré
d) Être porté – pour mieux porter
e) Reconnu et reconnaissant : jeux de regards et de visages
f) Rentabilité et gratuité

g) S'accepter soi-même comme un être accepté
h) Bienheureuse culpabilité

3. Quelques défis à relever 117
a) Le chrétien comme pèlerin
b) La porte sainte, ou : les passages à gué de l'existence croyante
c) Le Christ, notre seule indulgence
d) Y a-t-il un « trésor de l'Église » ?
e) Qu'en est-il alors de la communion des saints ?
f) Qu'advient-il des défunts ?
g) Le processus de la conversion : activité ou passivité ?
h) Les œuvres passent-elles à la trappe ?
i) La confession et le pardon du péché : un enjeu liturgique

Conclusion 131

ANNEXE 135
Extraits de la correspondance de la Pénitencerie apostolique

ÉPILOGUE 153
Une lettre de Luther

Notes 155

Introduction

1. Une « expérience Internet »...

Vous n'en croyez pas vos yeux. Un ami passionné de « surfing » sur Internet vous a signalé l'adresse du site du Vatican, en vous recommandant d'aller le consulter. Devant votre ordinateur, en pressant sur votre souris, vous faites défiler, dans la langue de votre choix, la bulle papale d'indiction du Grand Jubilé de l'an 2000 du 29 novembre 1998, intitulée « Incarnationis Mysterium », et en particulier l'annexe sur les « Dispositions pour l'obtention de l'indulgence du Jubilé »[1]. Et vous y découvrez, dans tous les détails, comment vous pouvez, dans le cadre du Jubilé de l'an 2000, obtenir une indulgence plénière – une par jour au maximum ! –, pour vous-même ou pour un défunt : par des pèlerinages à Rome ou en Terre Sainte, des journées d'abstention, des œuvres caritatives, etc. Un moment, vous restez bouche bée : de manière assez étrange, haute technologie du XXe siècle et piété du Moyen Âge s'entremêlent...

C'est de cette « expérience Internet » qu'est né le projet de ce petit ouvrage.

2. Quelques événements étonnants

Entre-temps, d'autres événements sont venus s'ajouter à la bulle papale de novembre 1998. Le 17 septembre 1999, le Vatican annonce, par une conférence de presse, la parution d'une nouvelle édition – la quatrième – du *Manuel des indulgences*[2]. Cette nouvelle, qui a suscité de vives réactions dans les Églises protestantes d'Italie, souligne, contre tous ceux qui tendent à prendre la chose à la légère, le poids que le Vatican souhaite donner à ce renouvellement de la pratique des indulgences.

Mais nous n'étions pas encore au bout de notre étonnement ! En effet, environ un mois et demi plus tard, le 31 octobre 1999, l'Église catholique romaine et la Fédération Luthérienne Mondiale signent un accord – jugé historique – sur la doctrine de la justification, soulignant qu'il n'y a désormais plus de désaccord concernant la justification par la foi et que les condamnations réciproques formulées à cet égard au XVIe siècle n'ont plus de raisons d'être[3].

Renouvellement de la pratique des indulgences, d'une part, et accord sur la justification par la foi, d'autre part : n'est-il pas difficile de concevoir comment cela peut aller de pair ? Jadis, au XVIe siècle, le conflit sur les indulgences a lancé tout le processus de la Réformation et sa réaffirmation du principe de la justification par la foi. Aujourd'hui, un accord sur la justification par la foi est signé en grandes pompes, alors même que l'une des institutions signataires réaffirme de manière massive sa pratique des indulgences !

3. L'objectif du livre

C'est dans ce contexte que s'inscrit le propos de ce petit livre. Dans un premier temps, partant de la bulle papale et du nouveau *Manuel des indulgences*, je tenterai de comprendre les tenants et les aboutissants de la pratique des indulgences telle qu'elle est proposée pour l'an 2000 par la Pénitencerie apostolique et j'essaierai de saisir comment cette pratique peut s'articuler ou non avec la « Déclaration commune à propos de la doctrine de la justification » signée à Augsbourg. La deuxième partie opérera un retour en arrière pour redécouvrir les enjeux du conflit des indulgences du XVIe siècle en présentant les 95 thèses de Luther contre les indulgences. Ces thèses sont célèbres, car elles ont projeté Luther sur la scène publique et déclenché le mouvement de la Réforme. Mais paradoxalement, leur contenu théologique n'est souvent que très peu connu. L'étude de ce texte nous fera entrevoir tous les problèmes liés aux indulgences. Dans un troisième temps, le livre s'attachera à reprendre les questions du point de vue actuel. Il s'agira de relever le défi de la déclaration signée à Augsbourg : puisqu'il y a accord sur la justification par la foi, ne doit-elle pas devenir le message chrétien pour l'an 2000 ? Ne faut-il pas, pour l'an 2000, proclamer un Jubilé de la justification par la foi ?

Certes, l'accord d'Augsbourg constitue un pas important dans l'effort œcuménique. Mais à lire le document, bien peu de nos contemporains seront en mesure de comprendre ce que cette justification par la foi seule signifie très concrètement. La « Déclaration commune » se présente comme un texte doctrinal, technique et aride, s'attachant à dire dans toutes les nuances les points d'accord et de désaccord à travers les siècles. Il exige donc du lecteur passablement de connaissances préalables. C'est pourquoi, dans ma troisième partie, j'essaierai de redire très concrètement la portée existentielle de cette doctrine, en l'enracinant dans les expériences vécues de notre époque[4].

Cette perspective existentielle se trouve prolongée dans l'annexe : quelques extraits de la correspondance de la Pénitencerie apostolique diront de manière très concrète les difficultés que peuvent provoquer les « Dispositions pour l'obtention de l'indulgence du Jubilé ».

4. Manque d'œcuménisme ?

En protestant ainsi de manière vive contre la conception du Jubilé de l'an 2000 développée par le Vatican, est-ce que je ne risque pas de manquer d'œcuménisme ? Je dirais que tout dépend de la conception que l'on se fait de l'œcuménisme. S'il peut consister en un réel souci d'authenticité de part et d'autre des différences confessionnelles, il doit accepter l'interpellation réciproque, même si elle est vive. S'il vise, par contre, une sorte de respect creux de l'autre, sans dialogue véritable, il aura beaucoup de peine à s'ouvrir à un débat véritable. Je situe mon essai dans la première perspective.

J'ajoute que, tout en étant protestante, ma protestation se sait œcuménique : elle se veut en communion avec tous ceux qui – à travers les diverses confessions, et notamment aussi au sein de l'Église catholique – veulent célébrer dignement les 2000 ans du christianisme et sont déçus ou irrités par la démarche de la Pénitencerie apostolique. J'ai des amis catholiques dont je sais qu'ils partagent les motifs de ma prise de position.

Par ailleurs, une exigence légitime du dialogue œcuménique est l'aptitude à l'autocritique : le débat avec une autre confession ne doit pas conduire à la glorification de la sienne, mais bien plutôt à se demander si cette dernière assume mieux ou moins bien les problèmes qui sont en jeu.

PREMIÈRE PARTIE
Les indulgences de l'an 2000

Introduction

a) Une irritation œcuménique

Sans crier gare, le Vatican a lancé, par la bulle papale du 29 novembre 1998, le processus du Jubilé de l'an 2000. Ce simple fait déjà peut susciter une irritation : n'aurait-on pas pu marquer l'an 2000 d'une manière plus œcuménique, en se concertant entre confessions pour réfléchir ensemble au message qu'il s'agit de faire entendre au seuil du troisième millénaire ? Jusqu'à nouvel avis, il s'agit du deuxième millénaire du *christianisme*, et non pas du *catholicisme* ! Mais non seulement le Vatican ne semble guère s'être préoccupé de ce que pensaient les autres Églises ; il a renouvelé une pratique dont on pouvait prévoir qu'elle susciterait de vives réactions du côté de la confession protestante. Une fois de plus, les protestants ne pouvaient qu'être confirmés dans l'impression que rien n'avait vraiment changé et que l'on pouvait passer outre à tout un débat interconfessionnel mené depuis la Réforme.

Mais il y a plus encore : n'aurait-on pas pu imaginer que les Églises, en se concertant, trouvent autre chose, quelque chose de plus original, de plus stimulant, à proposer à l'humanité « en marche vers le troisième millénaire » ? Je pressens que beaucoup de contemporains distancés de l'Église ne comprendront rien de cette vieille pratique des indulgences et que celle-ci ne fera que renforcer leur impression du caractère désuet du message des Églises ! Toutes Églises confondues, d'ailleurs, car ces contemporains ne font plus tellement le détail des confessions !

b) Y a-t-il vraiment de quoi fouetter un chat ?

Faut-il prendre la démarche du Vatican au sérieux, ou doit-on plutôt considérer la question comme relativement banale ? C'est ce que font certains protestants, en disant qu'il n'y a pas lieu de s'énerver, que cela fait partie du folklore de la piété populaire et ne relève donc pas des choses essentielles. Mais je n'en suis pas aussi sûr. Il est tout de même frappant que le Vatican, après avoir relancé la pratique des indulgences dans la bulle papale, ait annoncé le 17 septembre dernier la parution d'une nouvelle édition du *Manuel des indulgences*. Cela marque bien l'intérêt porté à cette pratique, et comme l'a souligné Monseigneur Dario Rezza lors de la présentation de la nouvelle édition du *Manuel*, une pratique dont le Vatican estime qu'elle correspond profondément à la mentalité contemporaine.

Du côté catholique également, on tend à banaliser la chose. Ainsi, on dira volontiers que la critique de la Réforme a permis de corriger certains abus, mais que, ces abus ayant été supprimés par la réforme du concile de Trente, la pratique garde toute sa valeur. Monseigneur Rezza, le 17 septembre, a même dit qu'à l'heure actuelle, « une compréhension des indulgences de la part des Églises issues de la Réforme paraît non seulement possible, mais souhaitable »[5]. Mais n'est-il pas un peu facile de ne retirer de la critique de Luther que l'exigence de corriger certains abus ? Le débat sur les indulgences qui a déclenché tout le processus public de la Réforme porte sur le fond même de la compréhension de la pénitence et du pardon. Ce débat vaut la peine d'être repris aujourd'hui.

1.
La bulle d'indiction « Incarnationis Mysterium »

a) Les fondements de la démarche

Comme son titre l'indique, la bulle, signée par le pape le 29 novembre 1998, premier dimanche de l'Avent, s'adresse « à tous les fidèles en marche vers le troisième millénaire ». Elle le fait « les yeux fixés sur le mystère de l'incarnation du Fils de Dieu » (p. 17), d'où son titre latin « Incarnationis Mysterium ». En Jésus Christ, l'histoire du salut trouve « son point culminant et son sens parfait » (id.) et c'est ce qu'il convient de marquer par le Jubilé de l'an 2000. Mais parce qu'il en est ainsi, la naissance de Jésus d'il y a 2000 ans n'est pas simplement « un fait que l'on peut reléguer dans le passé » ; « notre présent et l'avenir du monde sont éclairés par sa présence » (p. 18), et c'est pourquoi la communauté chrétienne est invitée « à élargir son regard de foi vers des horizons nouveaux pour l'annonce du Règne de Dieu » (p. 20). Tel est le point de départ de la bulle.

Très tôt déjà s'introduit la perspective qui conduira aux indulgences, à savoir l'aspect de la conversion et de la pénitence : « Le temps du Jubilé nous introduit dans le vigoureux langage qu'emploie la pédagogie divine du salut pour inciter l'homme à la conversion et à la pénitence, principe et voie de sa réhabilitation, et condition pour retrouver ce qu'il ne pourrait atteindre par ses seules forces : l'amitié de Dieu, sa grâce, la vie surnaturelle, la seule où puissent être satisfaites les aspirations les plus profondes du cœur humain. » (p. 19)

Dans ces premières pages de sa bulle, le pape rappelle certains éléments de l'histoire des Jubilés (en particulier le premier Jubilé instauré par Boniface VIII en 1300) et certains événements de son propre pontificat (l'année sainte de 1983, pour le 1950ème anniversaire de la rédemption du genre humain sur la croix), et souligne que le Grand Jubilé aura deux centres : « la Ville où la Providence a voulu placer le siège du Successeur de Pierre, et d'autre part la Terre Sainte, où le Fils de Dieu s'est fait homme [...]» (id.). A plusieurs occasions, il accentue le caractère interreligieux et œcuménique de la démarche. Ainsi, lorsqu'on sait combien peu les autres Églises ont été consultées dans la démarche du Jubilé, il est assez surprenant de lire : « Que le caractère œcuménique du Jubilé soit un signe concret du chemin que, surtout ces dernières décennies, les fidèles des diverses Églises et Communautés ecclésiales sont en train de parcourir. » (p. 23)

b) Le décret

C'est au paragraphe 6 de la bulle que le Jubilé est promulgué par décret : « Je décrète donc que *le Grand Jubilé de l'an 2000 commencera dans la nuit de Noël 1999*, par l'ouverture de la *porte sainte* de la basilique Saint-Pierre du Vatican » (p. 26s). Cette ouverture sera suivie la même nuit par la célébration inaugurale à Jérusalem et à Bethléem, puis l'ouverture de la porte sainte dans les autres basiliques patriarcales de Rome (sauf pour la porte sainte de la basilique Saint-Paul, qui ne sera ouverte qu'au début de la Semaine de prière pour l'unité des chrétiens, pour souligner le caractère œcuménique du Jubilé). Suit un décret concernant l'inauguration du Jubilé dans les Églises particulières, présidée par l'évêque diocésain.

La date de clôture est elle aussi clairement fixée : « Que pour tous, Noël 1999 soit une solennité rayonnante de lumière, le prélude d'une expérience particulièrement profonde de grâce et de miséricorde divine, qui se prolongera jusqu'à *la clôture de l'Année jubilaire le jour de l'Épiphanie de notre Seigneur Jésus Christ, le 6 janvier de l'année 2001.* » (p. 27s)

c) Les différents signes du Jubilé

Dans la suite du texte, le pape présente les différents signes dont l'institution du Jubilé s'est enrichie, « qui attestent la foi et qui aident la piété du peuple chrétien » (p. 28). Ces signes sont les suivants :

– le pèlerinage (§ 7), marquant que l'existence du croyant est un constant cheminement « sur la voie de la perfection chrétienne » (p. 29) ;
– la porte sainte (§ 8), ouverte pour la première fois à la basilique Saint-Sauveur du Latran durant le Jubilé de 1423 et évoquant « le passage que tout chrétien est appelé à effectuer du péché à la grâce » (id.) ;
– l'indulgence (§§ 9-10), « un des éléments constitutifs de l'événement jubilaire » : en elle « se manifeste la plénitude de la miséricorde du Père, qui vient à la rencontre de tous avec son amour, exprimé avant tout par le pardon des fautes » (p. 31).

A ces signes qui font désormais partie de la tradition jubilaire s'ajoutent d'autres signes possibles :

– la purification de la mémoire (§ 11), appelant l'Église et les croyants à un examen de conscience, une prise en compte des fautes passées ;
– la charité (§ 12), pour créer « une nouvelle culture de solidarité et de coopération internationales » (p. 40) ;
– la mémoire des martyrs (§ 13), témoignage éloquent de la vérité de l'amour chrétien.

d) Une conclusion mariale et une annexe disciplinaire

La bulle papale se termine au § 14 par une évocation de « Celle qui, dans la pleine obéissance au Père, a engendré pour nous dans la chair le Fils de Dieu » (p. 42s). Mère de Dieu, devenue Mère de l'Église au pied de la croix, Marie sera invoquée tout particulièrement durant cette année jubilaire : elle protégera la route de ceux qui se feront pèlerins et elle intercédera avec une intensité particulière durant l'année pour le peuple chrétien « afin qu'il obtienne l'abondance de la grâce et de la miséricorde » (p. 43).

En annexe à la bulle figure un décret de la Pénitencerie apostolique, signé par William Wakefield Card. Baum, Grand Pénitencier, et Luigi De Magistris, Régent. En complément aux §§ 9-10 de la bulle, il précise « la discipline à observer pour obtenir l'indulgence du Jubilé » (p. 45) et il établit en particulier la liste détaillée des « œuvres à accomplir » à cet égard (pp. 48-50).

2.
La pratique des indulgences, ses abus, ses problèmes

Notre rapide survol de la bulle d'indiction du Grand Jubilé montre que l'obtention de l'indulgence y occupe une place de choix : elle est le seul signe jubilaire auquel on consacre deux paragraphes entiers et elle fait l'objet de toute une annexe détaillée. Comme le montre aussi le projet d'une nouvelle édition du *Manuel des indulgences* (cf. ci-dessus), elle constitue l'enjeu central du Jubilé de l'an 2000. C'est la raison pour laquelle nous nous concentrerons maintenant sur ce point.

a) Un peu d'histoire

Remontons brièvement aux origines : la pratique des indulgences a commencé dans le XIe siècle, puis s'est développée de manière systématique dans la seconde moitié du Moyen Âge, en lien d'ailleurs, à cette époque déjà, avec des jubilés, des années saintes, avant de se généraliser. A ce développement s'associe également la représentation du purgatoire, cet état intermédiaire entre enfer et paradis où séjournent les âmes défuntes qui ont obtenu le pardon de leurs péchés, mais qui doivent encore en être purifiées en subissant certaines peines avant de pouvoir accéder au paradis. C'est dans ce cadre que s'inscrit la pratique des indulgences de la fin du Moyen Âge. Au départ, il s'agit de la possibilité d'obtenir par décret officiel, sous la forme d'une lettre ou d'un billet, la remise de certaines peines canoniques liées à la pénitence ici-bas, par l'accomplissement de certaines œuvres, aumônes, pèlerinages, jeûnes, etc. Si ces œuvres ou peines liées à la pénitence ne peuvent être accomplies ou subies ici-bas, elles se reportent sur l'au-delà et valent pour le purgatoire, si bien que l'attention inquiète des croyants se porta de plus en plus sur ce purgatoire et sur les moyens d'atténuer ses souffrances. C'est pourquoi, progressivement, les indulgences s'étendront également aux peines du Purgatoire, dans un premier temps à celles qui nous attendent nous-mêmes après notre mort. Mais la notion d'indulgence s'élargissant de plus en plus, elle ne vaut plus seulement pour un individu précis, mais constitue une faveur pour la remise des peines en général. C'est ainsi que l'idée se fera jour que l'indulgence acquise par les vivants peut se transférer, « par suffrage », selon le langage traditionnel, à des personnes déjà décédées, des parents défunts, par exemple, qui subissent les peines du purgatoire. Il devint ainsi possible, surtout à partir du XVe siècle, de faciliter l'accès au paradis des âmes en peine du purgatoire.

Dans cette période, le pouvoir d'accorder des indulgences revenait en priorité au pape, et c'est lui qui pouvait transférer ce pouvoir aux différents niveaux de la hiérarchie. Suivant l'intensité de la pratique, on pouvait adopter des règles plus ou moins souples[6].

Une indulgence est dite *plénière* lorsqu'elle libère totalement de la peine temporelle due pour les péchés, *partielle* lorsqu'elle n'en libère qu'en partie. En règle générale, les indulgences plénières ne sont accordées qu'à l'occasion de grandes circonstances, comme les années de Jubilé, justement.

Il est important de bien préciser le statut des indulgences du point de vue de l'absolution des péchés. Pour bénéficier d'une indulgence, le fidèle doit s'être confessé devant un prêtre et avoir reçu l'absolution. C'est donc seulement quand les péchés sont pardonnés quant à la faute que les indulgences peuvent intervenir. Ainsi, il ne s'agit pas de se faire pardonner les péchés, mais, le pardon étant acquis, de se faire remettre les peines prévues pour la purification qui doit nous rendre conformes au pardon reçu.

b) L'Église puise les indulgences dans le trésor des mérites

Au départ, la remise de la peine imposée au fidèle reposait sur l'intercession de l'Église. Cet aspect d'intercession sera progressivement remplacé par une dimension judiciaire : la justice divine exige que toutes les peines soient accomplies. C'est pourquoi, s'il y a remise, il faut qu'il y ait compensation. Ainsi se fait jour, au XIIIe siècle, l'idée d'un « trésor des mérites » dans lequel l'Église peut puiser pour distribuer ses remises de peines. Il s'agit du trésor des mérites « surérogatoires » (c'est-à-dire superflus, supplémentaires) acquis par Jésus-Christ et par les saintes et les saints à travers tous les siècles. Ces mérites ont valeur de compensation : ils suppléent aux satisfactions incomplètes des autres membres du Corps du Christ. L'Église a la mission d'administrer ce trésor, ce qui lui permet d'en faire profiter les pénitents.

c) Une pratique qui suscite des abus

Les inconvénients de la pratique des indulgences sont manifestes. Elle atténue évidemment le sérieux de la pénitence, faisant de la grâce une « grâce à bon marché ». Mais cela permet aussi de détourner le but visé par cette pratique. Comme le montre l'évolution à la fin du Moyen Âge, elle devient un moyen de renflouer les finances de l'Église. On profite ainsi des peurs de l'au-delà pour instaurer tout un trafic reposant sur la vente des indulgences. Ainsi, la réaction de Luther, sur laquelle nous reviendrons plus bas, s'explique en partie par les abus que cette pratique a suscités à son époque. L'indulgence contre laquelle il s'élève avait été promulguée par le pape Jules II en 1506 et renouvelée en 1517, pour contribuer à couvrir les besoins financiers de la papauté, en particulier le financement de la construction de la basilique St. Pierre à Rome. On procéda à de véritables campagnes de vente d'indulgences, trafic financier auquel participaient les intermédiaires : ainsi, l'archevêque Albert de Mayence qui organisait la vente dans certaines régions d'Allemagne touchait un pourcentage, ce qui lui permettait de rembourser ses propres dettes ! Le dominicain Johannes Tetzel, qui avait été nommé sous-commissionnaire à la vente des indulgences dans la province de Magdebourg, s'est rendu célèbre par son fameux slogan de vente ; « Aussitôt que la pièce tintera dans la caisse, l'âme s'envolera vers le ciel ».

Aussi bien le concile de Trente, en réponse directe à la Réforme, que le concile de Vatican II, dans les années 1960, s'attacheront à corriger ces abus. Ainsi, toute vente d'indulgences sera rendue impossible. De même, pour éviter une sorte de capitalisation des indulgences, il est interdit d'acquérir plus d'une indulgence plénière par jour – un principe que l'on retrouve d'ailleurs dans l'annexe à la bulle papale – ; de même, il n'est pas permis d'ajouter une autre indulgence à une œuvre déjà indulgenciée ; etc. Mais sur le fond, la doctrine des indulgences se maintient à travers les Temps modernes.

Sous l'influence du concile de Vatican II, le pape Paul VI se penchera sur la question, publiera sa *Constitution apostolique Indulgentiarum doctrina* et fera rééditer le *Manuel des indulgences* en 1968, comme nous l'avons déjà signalé[7]. Le souci principal est « que la pratique des indulgences revête une plus grande dignité et soit plus estimable » (p. 7). Il en résulte une plus forte concentration sur l'esprit de prière et de pénitence que sur la répétition de formules et de pratiques (cf. p. 11). Cette version de 1968 du *Manuel* est donc plus restreinte que les précédentes : pour l'obtention d'indulgences partielles, elle limite le nombre des concessions particulières (soulignons qu'elle en connaît tout de même 70 !), à côté de trois concessions générales :

– lorsqu'un fidèle, en accomplissant ses devoirs et en supportant les adversités de la vie, élève avec une humble confiance son esprit vers Dieu, en ajoutant, ne fût-ce que mentalement, une pieuse invocation ;
– lorsqu'un fidèle, avec esprit de foi et un cœur compatissant, s'emploie, de sa personne ou de ses biens, au service de ses frères dans le besoin ;
– lorsqu'un fidèle, en esprit de pénitence, se prive spontanément de quelque chose de permis et d'agréable.

d) La conception actuelle des indulgences

Au moment de définir l'indulgence, la bulle papale se consacre tout d'abord à souligner le pardon acquis en Jésus-Christ et transmis par l'Église aux fidèles dans le sacrement de la Réconciliation (ou, traditionnellement, de la pénitence). Mais cet acte sacramentel doit s'accompagner d'un acte existentiel, car « le pardon, accordé gratuitement par Dieu, implique comme conséquence un réel changement de vie, une élimination progressive du mal intérieur, un renouvellement de sa propre existence » (p. 32). La bulle attire donc l'attention sur le processus de conversion, de renouvellement, et c'est dans ce cadre qu'intervient l'indulgence. En effet, le fait d'être réconcilié avec Dieu « n'exclut pas qu'il reste certaines conséquences du péché dont il est nécessaire de se purifier » (id.). On retrouve ici le vieux principe que par l'indulgence « est remise la peine temporelle pour les péchés déjà pardonnés quant à la faute » (id.). Le péché a une double conséquence : s'il est grave, il coupe de la relation avec Dieu, privation réparée par le pardon de Dieu ; en même temps, « tout péché, même véniel, entraîne un attachement malsain aux créatures, qui a besoin de purification, soit ici-bas, soit après la mort, dans l'état que l'on nomme Purgatoire »[8]. C'est à cette purification des peines temporelles que contribue l'indulgence.

Mais cette dimension vaut aussi du point de vue de la communion des saints. En effet, le chrétien n'est pas seul sur son chemin de conversion, mais uni par des liens mystérieux aux autres croyants. « Ainsi s'instaure entre les fidèles un merveilleux échange de biens spirituels, en vertu duquel la sainteté de l'un apporte aux autres un bénéfice bien supérieur au dommage que le péché de l'un a pu causer aux autres. » (p. 33) On retrouve ici, explicitement, l'idée du « trésor de l'Église » (p. 34), marquée comme « vicariance » ou « réalité vicaire », qui souligne la dimension de communion spirituelle de la pratique des indulgences et qui permet d'envisager pour les vivants la possibilité d'obtenir des indulgences pour les défunts (cf. pp. 33-35).

Ces lignes directrices se retrouvent dans le décret annexé à la bulle. En effet, dès le début, il est souligné que le fidèle doit être convenablement préparé : cela signifie que tout le cheminement jubilaire « a pour point de départ et d'arrivée la célébration du sacrement de la Réconciliation, ainsi que du sacrement de l'Eucharistie, mystère pascal du Christ, notre paix et notre réconciliation » (p. 46). Il en est ainsi parce qu'il y a d'abord la rencontre transformante qui constitue « le sommet du Jubilé », « la rencontre avec Dieu le Père, par le Christ Sauveur, présent en son Église, de manière spéciale par les sacrements » (id.). C'est cette rencontre qui ouvre au don de l'indulgence. Le croyant doit donc d'abord procéder à une confession individuelle et complète ; il est important qu'il reçoive fréquemment la grâce du sacrement de la Réconciliation et il faut qu'il participe à l'Eucharistie le jour même où il accomplit les œuvres prescrites. En lien avec ces deux moments culminants, il faut également que les croyants témoignent de leur communion avec l'Église du Christ, par des prières et des actions de charité. C'est dans cette communion seule que s'exprime la vraie conversion du cœur, et ce point est essentiel, car « le Christ est l'indulgence et la victime offerte pour nos péchés » (p. 47).

Sur cette base, le décret de la Pénitencerie apostolique affirme :

- que l'indulgence du Jubilé est une indulgence plénière ;
- qu'elle ne peut être obtenue qu'une fois par jour ;
- qu'elle peut « être appliquée par mode de suffrage aux âmes des défunts » et qu'on accomplit par là « une action insigne de charité surnaturelle » (p. 45).

e) Qu'annonce le nouveau *Manuel des indulgences* ?

On le voit à partir des lignes qui viennent d'être esquissées, la reprise actuelle des indulgences s'inscrit dans la ligne traditionnelle. Toutefois, le renouvellement comporte certains accents qui pourraient se traduire dans la quatrième édition du *Manuel des indulgences*, non encore disponible. En tous les cas, si l'on en croit les propos de la conférence de presse du Vatican du 17 septembre, il semblerait bien que la tendance générale de cette révision soit de nouveau à l'extension, après la concentration qu'avait suscitée le concile de Vatican II. En effet, aux trois concessions générales évoquées ci-dessus, la nouvelle édition ajoutera une quatrième : « lorsqu'un fidèle rend un témoignage public de sa foi dans des circonstances particulières de la vie quotidienne, par la participation fréquente aux sacrements, l'insertion dans les formes communautaires de l'expression de la foi et de l'apostolat, l'annonce, par la parole et l'acte, du salut chrétien à ceux qui sont distants de la foi ». Par ailleurs, on annonce également l'introduction de nouvelles concessions particulières concernant « la consolidation des bases chrétiennes de la famille, la participation à des journées ou des semaines de prière pour des buts religieux spécifiques, la célébration de l'Eucharistie, ainsi que l'extension de l'indulgence plénière au fait de réciter en groupe (même s'il n'est pas constitué juridiquement) le rosaire marial et l'hymne *Acathiste* »[9].

Une telle tendance à l'extension des concessions et à la réglementation casuistique des indulgences se manifeste aussi dans la partie finale du décret de la Pénitencerie.

f) Les œuvres à accomplir pour l'obtention de l'indulgence du Jubilé

Il est intéressant d'observer l'énumération détaillée des « œuvres à accomplir » pour « obtenir l'indulgence du Jubilé » par laquelle le décret se termine :

« En ce qui concerne les œuvres à accomplir, les fidèles pourront obtenir l'indulgence du Jubilé :

1) *A Rome*, s'ils effectuent un pèlerinage à l'une des basiliques patriarcales, c'est-à-dire à la basilique Saint-Pierre du Vatican, ou à l'archibasilique Saint-Sauveur du Latran, ou à la basilique Sainte-Marie-Majeure, ou à la basilique Saint-Paul sur la via Ostiense, et si là ils participent avec dévotion à la Messe ou à une autre célébration liturgique comme les Laudes ou les Vêpres, ou à un exercice de piété (par exemple le chemin de croix, le chapelet, la récitation de l'hymne *Acathiste* en l'honneur de la Mère de Dieu) ; en outre, s'ils visitent, en groupe ou individuellement, l'une des quatre basiliques patriarcales, et qu'ils s'y livrent pendant un certain temps à l'adoration eucharistique et à une pieuse méditation, les concluant par un *Notre Père*, la profession de foi, sous n'importe quelle forme légitime, et l'invocation à la Vierge Marie. Aux quatre basiliques patriarcales sont ajoutées, en cette occasion spéciale du Grand Jubilé, les lieux suivants, aux

mêmes conditions : la basilique Sainte-Croix de Jérusalem, la basilique Saint-Laurent-hors-les-murs, le sanctuaire de la « Madonna del Divino Amore », les catacombes chrétiennes.

2) *En Terre Sainte* si, en observant les mêmes conditions, ils visitent la basilique du Saint-Sépulcre à Jérusalem, ou la basilique de la Nativité à Bethléem, ou encore la basilique de l'Annonciation à Nazareth.

3) *Dans les autres circonscriptions ecclésiastiques*, s'ils effectuent un pèlerinage à l'église cathédrale ou à d'autres églises ou lieux désignés par l'Ordinaire, et s'ils y assistent avec dévotion à une célébration liturgique, ou à un autre pieux exercice, comme il est indiqué ci-dessus pour la ville de Rome ; en outre, s'ils visitent, en groupe ou individuellement, l'église cathédrale ou un sanctuaire désigné par l'Ordinaire, et s'ils s'y livrent pendant un certain temps à une pieuse méditation, la concluant par le *Notre Père*, la profession de foi, sous n'importe quelle forme légitime, et l'invocation de la Vierge Marie.

4) *En tout lieu*, s'ils vont rendre visite pendant un temps convenable à leurs frères qui se trouvent dans la nécessité ou dans les difficultés (malades, prisonniers, personnes âgées et seules, handicapés, etc.), comme s'ils faisaient un pèlerinage vers le Christ présent en eux (cf. Mt 25, 34-36), en respectant les conditions habituelles, conditions spirituelles, sacramentelles et de prière. Les fidèles voudront certainement renouve-

ler ces visites au cours de l'Année sainte, pouvant obtenir chaque fois l'indulgence plénière, évidemment pas plus d'une fois par jour.

L'indulgence plénière du Jubilé pourra être obtenue aussi grâce à des initiatives qui mettent en œuvre, de façon concrète et généreuse, l'esprit de pénitence qui est comme l'âme du Jubilé. Par exemple s'abstenir pendant une journée de choses superflues (tabac, boissons alcoolisées, jeûnant ou pratiquant l'abstinence selon les normes générales de l'Église et les précisions données par les épiscopats) et donner aux pauvres une somme proportionnelle ; soutenir par une contribution significative des œuvres à caractère religieux ou social (notamment en faveur de l'enfance abandonnée, de la jeunesse en difficulté, des personnes âgées dans le besoin, des étrangers dans les pays où ils cherchent de meilleures conditions de vie) ; consacrer une partie convenable de leur temps libre à des activités qui ont un intérêt pour la communauté, ou d'autres formes semblables de sacrifice personnel. »[10]

g) Le vieux problème de la justification par les œuvres ?

Un tel texte a le mérite de la clarté. Certes, tout est inscrit dans le cadre d'un processus de conversion et de purification, non seulement individuel mais aussi communautaire. Mais dans ce processus, il est bien question d'*œuvres à accomplir*, pour soi-même et pour d'autres personnes qui sont déjà au terme de leur cheminement terrestre. Bien sûr, comme pour la tradition, l'indulgence n'intervient qu'après la confession et l'absolution et ne remplace, ni ne conditionne donc le pardon divin. Mais il n'en reste pas moins qu'un certain nombre d'œuvres viennent s'inscrire dans le processus de conversion et de renouvellement qui doit nous rendre conformes à ce pardon reçu. Autrement dit : c'est à ces œuvres, fixées par la Pénitencerie, qu'il revient de réaliser concrètement, existentiellement notre purification.

C'est à cet endroit précis que le vieux problème de la justification par les œuvres, qui avait animé les débats du XVIe siècle, rejaillit. Précisons, bien sûr, pour éviter tout malentendu : il n'y a pas justification par les œuvres dans ce sens qu'il faudrait mériter le salut, s'en rendre digne, par l'accomplissement de certaines œuvres préalables. La relation est inverse, mais pas moins problématique : le pardon étant accordé par la grâce du Christ, les œuvres ont la tâche de concrétiser ce pardon comme purification de la vie du croyant. Et il en résulte nécessairement l'impression que cette purification fera l'objet d'une certaine comptabilité, assumée dans le cadre de l'institution ecclésiale.

Ce problème comporte plusieurs facettes qu'il convient d'expliciter ici :

- Il y a tout d'abord le lien avec le fameux « trésor de l'Église », le « réservoir » de mérites à disposition de l'Église : en satisfaisant, d'une manière ou d'une autre, à la liste des œuvres citée ci-dessus, je peux avoir accès à certains mérites du Christ et des saints, qui compenseront du point de vue de l'Église le fait que je ne satisfais pas pleinement aux conditions de ma pénitence. Pour le dire de manière un peu crue : les mérites du Christ et des saints doivent être mérités par l'accomplissement de certaines œuvres fixées par la discipline pénitentielle... Peut-on appeler un tel marchandage une « communion spirituelle », ou se paie-t-on ici de mots ?
- Il en va de même en ce qui concerne les œuvres que j'accomplis pour les âmes défuntes : mon « suffrage » est-il vraiment une « action insigne de charité surnaturelle » ou une comptabilité « naturelle », humaine trop humaine ? Qu'est-ce qui nous permet d'estimer que non seulement nous-mêmes après notre mort, mais d'autres personnes déjà défuntes pourraient avoir besoin de nos œuvres ? Et encore une fois, qu'est-ce qui nous permet de considérer du même coup que la juridiction de l'Église s'étend ainsi jusqu'à l'au-delà ?

– La liste des œuvres à accomplir qui figure dans l'annexe à la bulle papale juxtapose de manière problématique des œuvres morales (visiter des malades, des prisonniers ou des handicapés, donner un soutien aux pauvres, etc.), des œuvres de piété personnelle (s'abstenir de tabac et de boissons alcoolisées, etc.) et des œuvres strictement religieuses (pèlerinages, participations à la messe, pieuse méditation dans une Église, etc.). De tels amalgames ne sont pas sans problèmes. Que faisons-nous lorsque nous allons à l'Église, pour assister à une messe ? S'agit-il vraiment d'une bonne œuvre, au même titre que l'accomplissement d'un acte de solidarité à l'égard d'un exclu ou d'un souffrant ? Et si je renonce pendant un jour à l'alcool et au tabac, ai-je fait la même chose qu'en visitant pendant tout un jour des prisonniers dans un pénitencier ?
– Mais une autre question est encore plus importante : qu'est-ce que cela signifie pour une œuvre que d'être accomplie dans la perspective de la purification de celui qui l'effectue ? Une œuvre peut-elle être bonne sans être désintéressée ? Que devient-elle lorsque j'ai « intérêt » à la faire, comme l'insinue l'invitation à obtenir par elle une indulgence du Jubilé ?
– Plus profondément encore : que résulte-t-il du fait de concevoir « un réel changement de vie, [...] un renouvellement de sa propre existence » (bulle papale, p. 32)

essentiellement sur le mode actif ? Une purification existentielle se réalise-t-elle d'abord par l'accomplissement d'œuvres ? Si c'est le cas, comme semble l'affirmer la bulle papale, il faut alors considérer que la personne est d'abord constituée par ses actes : les actes qui la souillent et les actes qui la purifient. Mais ne tomberai-je pas alors dans le piège de ne jamais savoir si j'ai *fait* assez pour *être* purifié ? Mon *être* ne dépend-il que de mon *faire*, encore et encore accumulé ?

– On signalera enfin que la définition des « œuvres à accomplir » est étrangement précise et imprécise en même temps. D'une part, elle fixe les règles de manière casuistique en ritualisant les œuvres : ainsi, une pieuse méditation n'a de valeur que si je la termine en récitant le *Notre Père*, la profession de foi et l'invocation de la vierge Marie ; une telle méditation n'a de valeur que si elle se fait dans une église cathédrale ou un sanctuaire désigné par l'Ordinaire ; etc. D'autre part, elle comporte des indications vagues, susceptibles de provoquer certains doutes : que veut dire, par exemple, « pendant un certain temps » ou « pendant un temps convenable » pour la méditation dans une église ou pour la visite des personnes dans la nécessité ou dans la difficulté ? Ou encore, que faut-il entendre par « une somme proportionnelle » à une journée sans tabac et sans alcool ?

3.
Les indulgences et la « Déclaration commune à propos de la doctrine de la justification »

Comme nous venons de le voir, la pratique des indulgences aboutit au problème de la justification par les œuvres. Dès lors, n'est-il pas étonnant que le Vatican, alors même qu'il relance les indulgences, signe avec la Fédération luthérienne mondiale un accord – jugé historique – sur la justification par la foi ?

a) Une contradiction pure et simple ?

Incontestablement, la chose a de quoi étonner ! On pourrait se demander si la Pénitencerie apostolique et le Secrétariat pour l'Unité se sont informés mutuellement sur les démarches en cours ! Certaines voix critiques ont remarqué que le Vatican n'en était plus à une contradiction près, ou ont même envisagé qu'en signant l'accord à Augsbourg, il aurait savamment ouvert le Jubilé de l'an 2000 en marquant une entente œcuménique qui lui permettait d'autant mieux de réaffirmer les vieilles pratiques catholiques !

Je ne reprendrai aucune de ces hypothèses, quelque peu excessives, et n'en formulerai pas de nouvelle pour comprendre cette tension. Mais il est clair qu'il est difficile d'imaginer comment on peut en même temps affirmer que les vérités essentielles de la doctrine de la justification ne constituent plus une divergence fondamentale et promulguer la possibilité d'obtenir l'indulgence plénière en accomplissant certaines œuvres religieuses ou morales dans le cadre d'un processus de conversion.

Ce problème illustre bien les limites de l'accord signé à Augsbourg le 31 octobre, et il vaut la peine de s'y arrêter un instant, pour voir comment il est possible de développer parallèlement à cet accord des pratiques qui sont incompatibles avec lui.

b) La « Déclaration commune » : un consensus différencié

La « Déclaration commune à propos de la doctrine de la justification » « exprime [...] un consensus sur des vérités fondamentales de la doctrine de la justification et montre que des développements qui demeurent différents ne sont plus susceptibles de provoquer des condamnations doctrinales » (§ 5). Du point de vue de la méthode, la démarche est intéressante : elle ne vise pas un pur et simple consensus.

Sur les points essentiels, le document s'attache à chaque fois à dire ce qui fait l'objet d'une convergence forte et les accents qui restent propres à chaque confession. Les différences ne sont donc pas gommées ; mais, par l'effet du consensus, elles cessent d'être séparatrices, ce qui rend caduques les condamnations réciproques de l'histoire. Cette méthode mérite attention, car elle conduit à un jeu ouvert – trop ouvert aux yeux de certains ! – entre unité et différence. Le problème est qu'à certains endroits, les conceptions spécifiques divergent tant qu'on se demande si le consensus n'est pas artificiel (cf. ci-dessous).

c) Quelques aspects étonnants de la genèse du texte

La « Déclaration commune » est née d'un long processus de dialogue luthéro-catholique dont les racines remontent aux années soixante. Cela permet de comprendre combien sa genèse est complexe – plusieurs versions, discutées, amendées et revue – et mouvementée, marquée par plusieurs rebondissements. Le dernier en date est peut-être le plus étonnant : certaines Églises luthériennes, allemandes surtout, avaient émis quelques réticences à l'égard de la dernière version, mais c'est surtout la réponse négative que le Vatican avait donnée le 25 juin 1998 qui semblait gravement compromettre la signature prévue. Pourtant, une initiative fut lancée, qui conduisit au cours de cette année à la rédaction du « Communiqué officiel », qui confirme l'accord de la « Déclaration commune » sur la base d'une « Annexe » clarifiant encore une fois certains points litigieux (cf. pp. 78-84). Ce texte rendait à nouveau la signature envisageable. Mais, apparemment parce que cette signature devait impérativement se faire à la date prévue, la « Déclaration commune » ne fut pas retravaillée ; le « Communiqué officiel » et son « Annexe » furent simplement ajoutés, ce qui donne un document un peu désuni, traversé par des tensions et des ambiguïtés. Ainsi, ce qui peut figurer sous la rubrique des lectures différentes dans la « Déclaration commune » peut soudain apparaître comme consensus dans l'« Annexe » !

Autre fait étonnant : alors que la « Déclaration commune » avait été soumise à tous les synodes luthériens – procédure normale ! –, le « Communiqué officiel » a été adopté par la Fédération Luthérienne Mondiale sans l'avis des Églises membres. Gestion pour le moins étonnante des procédures de décision, apparemment par urgence (mais qui donc dictait l'urgence ?).

d) Le contenu du document

Un préambule (§§ 1-7) précise l'intention du document, son enracinement dans les dialogues qui l'ont précédé et le statut qui lui revient. Une première partie (§§ 8-12) rappelle brièvement le message biblique de la justification, en se contentant de juxtaposer de nombreuses citations et références bibliques, appliquant ainsi une méthode bibliciste malheureusement assez courante dans les documents œcuméniques. Une brève deuxième partie (§ 13) formule la doctrine de la justification comme problème œcuménique en soulignant l'écart entre la division du XVIe siècle et le rapprochement récent. La troisième partie s'attache à formuler en cinq paragraphes (§§ 14-18) ce qui constitue la compréhension commune de la justification. Cette compréhension commune est ensuite développée dans la grande quatrième partie (§§ 19-39) sous la forme d'un consensus différencié portant sur sept points : l'incapacité et le péché de la personne humaine face à la justification ; la justification pardonne les péchés et rend juste ; justification par la grâce par le moyen de la foi ; l'être pécheur du justifié ; Loi et Évangile ; la certitude du salut ; les bonnes œuvres du justifié. Une brève cinquième partie (§§ 40-44) formule la signification et la portée du consensus, le salue comme un pas décisif, tout en évoquant brièvement les questions qui attendent encore une clarification sur la base de ce consensus (§ 43). Le « Communiqué officiel » confirme l'accord acquis, en se fondant sur les clarifications énoncées dans l'« Annexe » à propos de l'articulation entre grâce, péché et œuvres, du statut de « mesure ou pierre de touche » de la doctrine en question et du respect mutuel des procédures de décision respectives.

Mais venons-en au point qui nous intéresse ici.

e) Pourquoi la « Déclaration commune » ne peut-elle rien contre les indulgences ?

On peut dire que, pour trois raisons au moins, la « Déclaration commune » signée à Augsbourg ne parvient pas à prendre position clairement sur un problème comme celui que nous traitons ici : il demeure des ambiguïtés manifestes sur la portée de l'accord ; la question de la signification concrète de la justification par la foi n'est pas abordée ; les conséquences de cet accord sur d'autres points de désaccord ne sont pas traitées.

– Dès le début, il est souligné que du point de vue luthérien, il revient à la doctrine de la justification d'être *le* critère unique de toute doctrine chrétienne (§ 1). Toutefois, au § 18, le consensus différencié reste très ambigu : cette doctrine est « un critère indispensable » (parmi d'autres, qui seraient également indispensables ?) ; pour les luthériens, il est rappelé qu'en insistant sur ce point, « ils ne nient pas l'interrelation et le sens de toutes les vérités de la foi » ; les catholiques, par contre, « ne nient pas la fonction spécifique du message de la justification » tout en se sachant « redevables de plusieurs critères ». Mais dans l'« Annexe », il est établi comme consensuel que « la doctrine de la justification est la mesure ou pierre de touche de la foi chrétienne » (§ 3). Bien malin donc qui s'y retrouve ! De manière parallèle, une fluctuation persistante est à observer quant à la question de savoir si le consensus porte sur *les* vérités essentielles ou seulement sur *des* vérités essentielles de la doctrine. La nuance est loin d'être insignifiante. Or, si les §§ 5 et 13 disent « des vérités », les §§ 14, 40 et 43 disent « les vérités ». Qu'en est-il dès lors des indulgences ? Relèvent-elles d'autres critères, soulignés à côté de la justification par la foi ? Font-elles partie des vérités essentielles qui ne sont pas touchées par cet accord ? Les questions restent ouvertes.

– Le « Communiqué officiel » clôt avec la phrase suivante : « Luthériens et catholiques poursuivront leurs efforts de témoignage commun dans un esprit œcuménique afin d'interpréter le message de la justification dans une langue accessible aux hommes et aux femmes d'aujourd'hui, et en référence aux préoccupations tant individuelles que sociales de notre temps. » (p. 79) On se réjouira de cette intention, d'autant plus que les documents signés à Augsbourg ne brillent pas à cet égard. Ils restent au plan des formules doctrinales, dans un style aride et technique, sans se soucier de dire la signification et la pertinence actuelles du thème. Il ne faut dès lors pas s'étonner qu'une question concrète comme celle des indulgences ne soit pas abordée, alors qu'elle prend soudain une importance inattendue pour l'an 2000 (rappelons ici que Monseigneur Rezza estime que les indulgences correspondent profondément à la mentalité contemporaine ! – et la justification par la foi ?).

– Au § 43, la « Déclaration commune » évoque « certaines questions d'importance diverse » sur lesquelles l'effort de clarification doit se poursuivre. Mis à part cette mention, le document signé à Augsbourg ne formule nulle part de conséquences que cet accord pourrait avoir sur d'autres questions brûlantes du dialogue œcuménique (hospitalité eucharistique, reconnaissance réciproque des ministères, ordination des femmes, etc.). Elles ne trouvent dans cet accord aucun début de réponse, aussi petit soit-il. Il en va apparemment de même pour la question des indulgences. Elle doit fair partie de ces « questions d'importance diverse » qui ne sont pas traitées dans la déclaration…

Conclusion provisoire

Nous avons redécouvert certains aspects de la vieille pratique des indulgences et de son renouvellement actuel. Nous avons saisi certains problèmes fondamentaux, notamment du point de vue du statut des œuvres dans le processus de régénération, tant en ce qui concerne le rapport individuel au pardon que sous l'angle de ses enjeux communautaires. Aboutissant à une perspective de justification par les œuvres, nous avons interrogé le récent accord sur la justification par la foi. Même si cet accord constitue un pas important dans l'effort œcuménique, nous n'y avons pas trouvé de réponses convaincantes à nos questions. Nous y avons surtout découvert pourquoi il ne peut pas répondre…

A cet endroit, nous nous souvenons pourtant que, comme nous l'avons déjà souligné, la Réforme a été déclenchée sur la scène publique par le débat des indulgences. C'est pourquoi, nous allons maintenant retourner un moment au XVIe siècle, pour redécouvrir les 95 thèses de Luther, un texte dont on ignore souvent le contenu. Notre première étape nous a préparés à nous mettre à l'écoute de Luther dans sa prise de position à l'égard de la pratique des indulgences de son temps. C'est le sujet de notre deuxième partie, qui nous permettra de reprendre les questions formulées au fil de nos pages.

DEUXIÈME PARTIE

Les 95 thèses de Luther contre les indulgences[11]

Introduction

Notre connaissance de Luther se réduit souvent à quelques traits légendaires des moments dramatiques de sa vie. Parmi les plus importantes de ces scènes héroïques, il y a celle de Luther affichant à grands coups de marteau ses 95 thèses contre les indulgences à la porte de l'église du château de Wittenberg le 31 octobre 1517. Pendant des siècles, les Églises protestantes ont célébré cet acte, considéré comme le début de la Réforme, l'heure de naissance du protestantisme. Mais qu'en est-il de cet événement ?

a) Une multitude de problèmes historiques

La recherche historique récente s'est vue confrontée à diverses difficultés à propos de cet affichage. On a commencé par douter de la date. Mais bientôt, examinant la chose de plus près, on en est venu à douter de l'événement lui-même : au vu des sources, il se pourrait bien que l'affichage n'ait jamais eu lieu, que Luther n'ait fait qu'envoyer ses thèses à des personnalités influentes du monde universitaire et ecclésial, pour pouvoir en discuter avec elles. Cela rendait difficile l'idée d'un début spectaculaire de la Réforme en 1517. Contestant parfois l'originalité des thèses, on a vu Luther comme un religieux qui, parmi beaucoup d'autres, critiquait les abus de la pratique ecclésiale de la fin du Moyen Âge. Le procès intenté à Luther reposerait alors sur un malentendu malheureux.

Par ailleurs, le lien entre les thèses et la découverte réformatrice de la justification par la foi dans l'épître aux Romains fait lui aussi problème. Alors que dans la version habituelle, cette découverte précédait l'affichage des thèses, certains la situent aujourd'hui après le débat des indulgences, au courant de l'année 1518.

Dans le raz de marée des publications, dans l'affrontement des diverses thèses et hypothèses, les spécialistes mêmes ont beaucoup de peine à s'y retrouver, et à plus forte raison les non-spécialistes. Que résulte-t-il de tous ces efforts historiques ?

b) Appel à un débat qui n'a jamais eu lieu

Ces problèmes historiques ont suscité de la prudence et de la modération dans l'interprétation des événements. L'affichage est peu probable, mais même s'il avait eu lieu, il ne saurait être question de voir dans cet acte une intention révolutionnaire de la part de Luther, « affichée » héroïquement. Malgré toutes les hésitations historiques, on s'accorde pour dire que les thèses sur les indulgences marquent le moment où la Réforme de Luther est précipitée sur la scène publique, prend les dimensions d'un mouvement historique et se répercute dans la vie sociale, politique et économique. Mais il faut dire en même temps que c'est en somme contre le gré de Luther que l'événement prend ainsi de l'ampleur et déclenche tout un processus bouleversant. Il le dira lui-même quand il publiera son commentaire aux 95 thèses : « Contre ma volonté, je me vois exposé au jugement périlleux et changeant de l'opinion publique, moi qui suis un homme dépourvu de science, d'esprit et de culture [...] la nécessité me contraint de caqueter comme une oie parmi les cygnes. » (lettre au pape Léon X, 30.5.1518)

Luther ne songe donc pas à un acte historico-mondial. Il invite simplement les théologiens et les autorités à un débat, à une dispute universitaire sur un point qui lui fait problème, comme l'atteste clairement l'avis qui précède les thèses : « Par amour de la vérité et par souci de la mettre en lumière, les thèses ci-après seront discutées à Wittenberg, sous la présidence du révérend père Martin Luther, maître ès arts et lecteur ordinaire de théologie en ce même lieu. » Ainsi, le premier souci est celui de la vérité et de son dévoilement. Le début de l'activité réformatrice n'est pas la proclamation d'un programme, d'une nouvelle doctrine. C'est l'appel à un débat qui n'a jamais eu lieu et dont l'objet premier est la vérité.

c) Redécouvrir quelques lignes de force des thèses

Les traits légendaires et dramatiques de l'événement nous ont fait oublier la teneur théologique des thèses, et nous ne connaissons guère leur contenu. En nous débarrassant du Luther héroïque, la recherche historique nous ouvre la possibilité de redécouvrir les thèses elles-mêmes. Comme nous l'avons vu plus haut, dans la perspective de l'an 2000, le sujet est d'actualité, et le débat pleinement relancé. Il faut donc relever le défi, « par amour de la vérité et par souci de la dévoiler ».

Il vaut la peine de se pencher ensemble sur ces thèses, car elles ne sont pas en tout point faciles d'accès. Luther lui-même fut étonné du succès qu'elles connurent, parce qu'il les avait rédigées à l'usage de l'Université en vue d'une « dispute » et les trouvait donc assez techniques et difficilement compréhensibles pour tout un chacun. Pour saisir l'ensemble des thèses dans le détail, il faudrait un long et fastidieux commentaire. C'est pourquoi je me concentrerai plutôt sur les thèses les plus importantes, afin de les saisir dans toute leur virulence. Pour plus de clarté, je ne suivrai pas l'ordre des thèses, mais les grouperai autour de quatre thèmes centraux de l'argumentation de Luther : la pénitence, les bonnes œuvres, l'Évangile et la croix.

1.
Au cœur du débat : le sérieux de la pénitence

a) Il n'en va pas simplement des abus

Luther, au moment d'écrire ses thèses, connaît tous les abus de la pratique des indulgences, non seulement par ouï-dire, mais aussi par expérience personnelle dans certaines régions d'Allemagne, où sévit notamment le célèbre moine dominicain Tetzel. Dans ses thèses, Luther fait aussi allusion à l'adage publicitaire déjà cité, en disant : « Ils prêchent l'homme, ceux qui disent qu'aussitôt tintera l'argent jeté dans la caisse, aussitôt l'âme s'envolera [du purgatoire]. » (th. 27) Reprenant la formule de manière ironique, Luther enchaîne en marquant les enjeux financiers de la pratique : « Il est certain que dès que la pièce tinte dans la caisse, le gain et la cupidité peuvent être augmentés [...]. » (th. 28)

Luther connaît donc tous les abus liés à la vente d'indulgences. Il connaît aussi les critiques que d'autres avant lui ont opposées à ces abus, et il les reprend d'ailleurs en plusieurs endroits de ses thèses. Mais il serait un peu facile de dire que Luther se contente simplement de critiquer les abus. Son attaque touche au cœur même de la pratique.

Pourtant, il faut dire aussi qu'il ne la rejette pas non plus purement et simplement. Il ira même jusqu'à dire : « Celui qui parle contre la vérité des indulgences papales, qu'il soit anathème ou maudit. » (th. 71) Il ne remet pas directement non plus en question l'idée du Purgatoire, comme il le fera plus tard. Il en va de même pour l'autorité du pape : il ne la conteste pas ici. Il en appelle plutôt au pape, l'oppose aux prédicateurs d'indulgences et rappelle sans cesse sa véritable fonction.

b) Une pénitence à bon marché

Il ne s'agit donc ni de corriger simplement certains abus, ni de rejeter en bloc toute l'institution. Le souci premier de Luther, c'est que le sérieux de la pénitence soit préservé. Le trafic d'indulgences fait de la pénitence une pénitence à bon marché. L'amour de la vérité veut que soit mise en lumière la *vraie* pénitence. Cette vraie pénitence et la piété des indulgences s'excluent mutuellement : « Il est extrêmement difficile, même aux plus savants théologiens, d'exalter en même temps auprès du peuple la profusion des indulgences et la vérité de la contrition. La sincérité de la contrition recherche et aime les peines, mais la profusion des indulgences les fait négliger et haïr ; du moins en donne-t-elle l'occasion. » (th. 39-40)

La vraie pénitence ne fuit pas les peines, mais les recherche et les aime. Dans l'attitude à l'égard des peines se révèlent la vraie et la fausse pénitence, la pénitence prise comme une exigence radicale et la pénitence prise à la légère, réduite à un strict minimum.

c) Toute la vie une seule pénitence

Il est frappant de voir comme la première thèse déjà formule l'argument principal, voire l'unique argument de Luther contre les indulgences. Reprenant la parole de Jésus dans Matthieu 4, 17 : « Faites pénitence, car le règne des cieux est proche », il dit dans sa thèse 1 : « En disant 'Faites pénitence…', notre Seigneur et Maître Jésus-Christ a voulu que toute la vie des fidèles soit une pénitence. »

La pénitence marque la vie tout entière des croyants. Elle ne peut se réduire à l'acte sacramentel de la confession et de l'absolution, mais doit se traduire dans l'expérience vécue des peines de l'existence concrète et quotidienne. Cela signifie en même temps : non seulement dans l'accomplissement de certaines œuvres, dans la satisfaction formelle de certaines règles de la discipline pénitentielle. Elle doit traverser la dynamique même de la vie croyante, et pour marquer cela, Luther utilise un terme très dur, celui de la haine de soi :

« C'est pourquoi la peine demeure aussi longtemps que demeure la haine de soi (c'est-à-dire la vraie pénitence à l'intérieur) autrement dit jusqu'à l'entrée dans le royaume des cieux. » (th. 4)

d) L'assurance de la pleine rémission

Contrition, pénitence, peines, haine de soi : nous pourrions avoir l'impression d'une perspective quelque peu sinistre et morose, s'attachant à tuer dans l'œuf toute joie de vivre. Pour éviter cette impression superficielle, il faut bien saisir le souci premier de Luther. En affirmant que toute la vie est une pénitence, il veut marquer que la pénitence et la repentance, au sens où Jésus les a conçues, appellent l'être humain à un continuel retournement, à une constante conversion vers une vie nouvelle. L'être humain y est dévoilé comme un vieil homme, mais appelé à devenir un homme nouveau. C'est cette tension existentielle entre le vieil homme et l'homme nouveau qui marque la vraie pénitence, au sens de la haine de soi, et non les peines mortifiantes ou les prestations spectaculaires de la discipline pénitentielle.

Fondamentalement, une accentuation aussi radicale de la pénitence comme mouvement existentiel de la vie entière n'est possible que sur la base d'une profonde assurance de la pleine rémission. Nous trouvons ici, au cœur des thèses sur les indulgences, une certitude que Luther exprimera plus tard dans les termes de la justification par la foi seule. Elle est dite ici comme une assurance qui rend toutes les indulgences insignifiantes : « N'importe quel chrétien, vraiment repentant, a pleine rémission de la peine et de la faute ; elle lui est due même sans lettres d'indulgences. » (th. 36)

2.
Ne pas négliger les bonnes œuvres

D'un point de vue protestant traditionnel, on aurait pu s'attendre à ce que Luther, au nom de cette pleine rémission, conteste tout le système de pénitence de son époque. Or, comme nous l'avons vu, c'est l'inverse qui se produit : le système est attaqué parce qu'il enlève à la pénitence tout son sérieux. L'assurance de la pleine rémission exige la prise au sérieux radicale de la pénitence.

De même, dans une conception populaire, on pourrait s'attendre à ce que Luther critique massivement l'accomplissement des bonnes œuvres. Or, ici aussi, de manière surprenante, le système est attaqué précisément parce qu'il conduit à une négligence des bonnes œuvres et qu'il faut donc commencer par revaloriser ces dernières. Comment cette réorientation s'effectue-t-elle ?

a) Un appel à la modération d'abord

La critique de Luther contre les indulgences est d'abord un appel à la modération. Par amour de la vérité, il veut ramener les indulgences à ce qu'elles sont vraiment, contre les prédicateurs d'indulgences qui les gonflent d'une importance et d'une puissance qu'elles n'ont pas. « Ils errent donc, les prédicateurs des indulgences qui disent que par les indulgences du pape, l'homme est quitte de toute peine et qu'il est sauvé. » (th. 21) Comme nous l'avons vu, la peine demeure, au sens existentiel de ce terme, et sans l'exigence d'une réalisation *plénière* de la pénitence dans la vie humaine, le salut ne devient qu'une farce. Or, les prédicateurs d'indulgences prêchent non pas la pénitence plénière, mais *l'indulgence plénière* : « C'est pourquoi la majeure partie du peuple est nécessairement trompée par cette promesse indifférenciée et grandiose de la rémission de toute peine. » (th. 24)

Contre cette exagération, Luther appelle à une limitation du pouvoir des indulgences, et de manière très subtile, il le fait en revendiquant le point de vue du pape. Opposant le pape aux prédicateurs d'indulgences, dressant de lui un portrait idéal de berger de la chrétienté, soucieux de ses brebis et de la parole de Dieu, il l'exhorte de manière indirecte, non sans ironie : « Il faut apprendre aux chrétiens que si le pape connaissait les exactions des prédicateurs d'indulgences, il préférerait que la basilique Saint-Pierre s'en aille en cendres plutôt que de la voir édifiée avec la peau, la chair et les os de ses brebis. Il faut apprendre aux chrétiens que le pape serait disposé, comme il le doit – et même s'il était nécessaire qu'il vende pour cela la basilique Saint-Pierre –, à donner de ses propres deniers à un grand nombre de ceux auxquels les fabricants d'indulgences soutirent leur argent. [...] Le pape pense nécessairement que, si l'on prêche les indulgences – qui sont très peu de chose – au moyen d'une cloche, d'une procession et d'une cérémonie, il faut célébrer l'Évangile – qui est la plus grande des choses – avec cent cloches, cent processions et cent cérémonies. » (th. 50, 51 et 55)

b) Une fausse assurance pour la vie éternelle

Luther propose de limiter les indulgences aux peines dites canoniques, prévues comme satisfactions dans le sacrement de la pénitence : « Car les grâces des indulgences concernent seulement les peines de la satisfaction sacramentelle, lesquelles ont été établies par l'homme. » (th. 34) Cette limitation n'est pas sans mordant, car elle attaque la fonction des indulgences par rapport au purgatoire. En effet, comme nous l'avons vu plus haut, les indulgences peuvent être acquises pour réduire certaines peines que les âmes subissent après leur mort et leur faciliter ainsi le passage au paradis. Luther s'oppose à cette conception, en contestant que la juridiction de l'Église puisse s'étendre à l'au-delà. Il n'est donc pas possible selon lui de parler de peines canoniques pour les défunts : « Les mourants s'acquittent de tout par la mort et ils sont déjà morts aux lois des canons, en étant à bon droit affranchis. » (th. 13) Et c'est pourquoi « le pape ne remet aux âmes dans le purgatoire aucune peine qu'elles auraient dû acquitter dans cette vie selon les canons » (th. 22). Le trafic des indulgences pour le purgatoire n'est donc qu'une farce grotesque sans aucune sincérité. « Autrefois, les peines canoniques étaient imposées non pas après, mais avant l'absolution, comme preuves de la vraie contrition. » (th. 12) Après l'absolution, elles deviennent marchandise, et donc marchandage.

Si l'on veut prendre le purgatoire au sérieux, il ne peut être que la continuation de la vraie pénitence, de la purification des âmes et de l'augmentation de l'amour en elles par la crainte et l'épouvante : « Cette crainte et cette épouvante sont suffisantes pour constituer à elles seules (pour ne pas parler du reste) la peine du purgatoire, car elles sont proches de l'horreur du désespoir. » (th. 15)

Sérieux de la pénitence, sérieux du purgatoire : l'intention de Luther est claire. Dans le trafic des indulgences, Luther attaque un système d'assurance pour la vie éternelle : « Ils seront damnés pour l'éternité avec leurs maîtres, ceux qui croient, par des lettres d'indulgences, être sûrs de leur salut. » (th. 32) Les indulgences sont en somme des garanties de sécurité céleste, qui permettent à l'être humain de se mettre à l'abri du jugement de Dieu et de s'acquérir la paix éternelle.

c) Les indulgences du pape et la colère de Dieu

Pris dans la recherche infinie de cette sécurité céleste, qui lui échappe constamment, l'être humain est complètement obnubilé par cette quête. Il sacrifie à cet effort toutes ses ressources, ses énergies et… ses finances. Par là même, occupé qu'il est à détourner par tous les moyens le châtiment divin, il devient aveugle pour les œuvres de l'amour, accomplies de manière désintéressée. Ou plutôt, il continue de les faire, mais dans la seule intention de les faire valoir pour l'acquisition d'indulgences. C'est pourquoi, à côté de la pénitence, l'amour négligé constitue le deuxième plan d'attaque de Luther. Il faut prêcher les indulgences avec prudence « de peur que le peuple ne comprenne faussement qu'elles sont préférées aux autres bonnes œuvres de la charité » (th. 41). C'est pourquoi Luther s'attache dans les thèses qui suivent à revaloriser les bonnes œuvres contre les indulgences : « Il faut apprendre aux chrétiens que celui qui donne aux pauvres ou prête à celui qui est dans le besoin fait mieux que s'il achetait des indulgences. Car, par l'œuvre de la charité, la charité grandit, et l'homme est rendu meilleur, tandis que par les indulgences il n'est pas rendu meilleur, mais est seulement davantage libéré de la peine. Il faut apprendre aux chrétiens que celui qui voit un pauvre et, sans lui prêter attention, donne pour les indulgences, appelle sur lui-même non les indulgences du pape, mais la colère de Dieu. » (th. 43-45)

d) Un souci pastoral

« Il faut apprendre aux chrétiens que… » : cette formule qui revient neuf fois dans les 95 thèses montre bien le souci pastoral qui anime Luther : il s'agit d'enseigner, d'apprendre aux fidèles ce qu'il en est de la vérité, contre les mensonges trompeurs des prédicateurs d'indulgences. Pour le dire autrement : il s'agit d'affermir les consciences dans la foi. Cet affermissement les libère de leur crispation sur la sécurité du salut, leur permet de voir celles et ceux qui sont dans le besoin et d'œuvrer pour leur bien.

3.
L'Évangile, vrai trésor de l'Église

« Il faut apprendre aux chrétiens que les indulgences du pape sont utiles s'ils ne se confient pas en elles, mais qu'elles sont excessivement nocives si elles leur font perdre la crainte de Dieu. » (th. 49) Cette thèse, ironique, paradoxale, formule bien le problème tel que le voit Luther. L'essentiel n'est pas de supprimer toute indulgence. Peu importe finalement qu'on en vende, pourvu qu'on n'y soit pas contraint au nom du salut. C'est pourquoi Luther souligne, dans sa thèse 47 : « Il faut apprendre aux chrétiens que le rachat des indulgences est libre et non pas requis. » Peut-être même les indulgences sont-elles utiles… à condition de ne pas se confier en elles, de rester libre à leur égard ! Tel est le bon usage des indulgences, et cela seul importe pour Luther !

Mais qu'en est-il d'une indulgence en laquelle on ne peut se confier ? N'est-elle pas inutile ?

a) Puissance et impuissance des indulgences

Comme les indulgences réduisaient ou remettaient pleinement les peines nécessaires à l'absolution, la piété populaire, alimentée par les promesses des prédicateurs d'indulgences, les associa de plus en plus à l'absolution elle-même. On se confiait en elles comme en des moyens de salut susceptibles d'assurer la rémission devant Dieu. Luther conteste radicalement une telle puissance d'absolution : « Penser que les indulgences du pape sont si puissantes qu'elles pourraient faire absoudre un homme, même si, par impossible, il avait violé la Mère de Dieu, c'est déraisonner. » (th. 75)[12] Dans son jugement, elles ne sont absolument pas dignes de confiance pour ce qui est du salut, car elles sont impuissantes à l'égard du péché. C'est pourquoi Luther poursuit dans la thèse suivante : « Nous affirmons au contraire que les indulgences du pape ne peuvent effacer le moindre péché véniel, en ce qui concerne la coulpe. » Et pourtant, dans le langage de l'époque, les péchés véniels étaient les « petits » péchés, sans gravité, en opposition aux péchés mortels ou capitaux.

L'impuissance des indulgences est donc radicale : pas le moindre petit péché, et donc combien moins le viol de la mère de Dieu ! Pour bien comprendre ce point, il faut saisir les accents respectifs dans la compréhension du péché.

b) Le péché et les péchés

Dans la tradition catholique, le péché, en tant que manque originel, prend corps, devient réalité dans les péchés dits *actifs*, les mauvaises œuvres, les manquements moraux, distingués en détail selon leur degré de gravité. Cette conception conduit à une moralisation du péché, et donc aussi de sa rémission. Comme le péché se réalise dans des mauvaises œuvres, la grâce devra, quant à elle, prendre forme dans des bonnes œuvres qui viennent contrecarrer les mauvaises, œuvres plus ou moins exigeantes selon le degré de gravité des péchés à remettre. De là à dire que certains péchés peuvent être remis à l'aide d'indulgences qui délivrent des peines de la charité, il n'y a qu'un pas, rapidement franchi dans l'escalade de l'offre et de la demande !

Pour Luther, la formule décisive dans la thèse citée est : « [...] en ce qui concerne la coulpe ». Son regard se porte d'abord sur ce qui fait dans chaque acte qu'il soit bon ou mauvais, la culpabilité fondamentale, l'attitude humaine qui est à proprement parler le péché – et ce singulier est très significatif. C'est ce péché originel, radical, qui constitue le propre du péché, la révolte de la créature contre son créateur, la volonté de ne pas laisser Dieu être Dieu, d'être soi-même son propre dieu[13].

c) La rémission : par la parole de Dieu

Cette radicalisation du péché entraîne également une radicalisation de la rémission. Le péché étant d'abord contre

Dieu, la rémission ne saurait venir des indulgences ou des œuvres de charité inscrites dans la discipline pénitentielle de l'Église, mais bien de Dieu seul. Certes, le pape peut remettre les peines qu'il a lui-même imposées, mais il « ne peut remettre aucune faute si ce n'est en déclarant et en affirmant qu'elle a été remise par Dieu » (th. 6). Mais comment s'effectue cette rémission ? Pour Luther, la réponse est claire : par la parole de Dieu, méprisée, injuriée par le trafic des indulgences. « Ils sont ennemis du Christ et du pape, ceux qui ordonnent que la Parole de Dieu soit complètement réduite au silence dans les autres églises, afin que les indulgences soient prêchées. On fait injure à la Parole de Dieu, lorsque dans le même sermon on consacre aux indulgences autant ou même plus de temps qu'à cette Parole. » (th. 53-54).

Parce que l'être humain, en tant que pécheur, est démuni de toute ressource propre de salut, celui-ci ne peut qu'être proclamé sur lui de l'extérieur. Parce qu'elle est une théologie du péché, la théologie de Luther est aussi une théologie de la parole. Mais d'où cette parole tire-t-elle sa force, dans quel trésor puise-t-elle ?

d) Différents trésors…

Luther reprend par ce biais la question des trésors, selon lui « ni suffisamment définis ni assez connus dans le peuple du Christ» (th. 56). Dans une première démarcation ironique, il souligne : «Il est manifeste que ce ne sont certainement pas des trésors temporels, car beaucoup de prédicateurs ne distribuent pas précisément ceux-ci mais ne font que les amasser.» (th. 57) Il entreprend ensuite de clarifier son approche, notamment par les notions du mérite et du pouvoir des clés. Finalement, il résume son point de vue dans une thèse claire et concise : «Mais le vrai trésor de l'Église, c'est le sacro-saint Évangile de la gloire et de la grâce de Dieu.» (th. 62)

Ainsi, après la pénitence et l'amour, c'est l'Évangile que Luther oppose comme troisième argument aux indulgences. Cet Évangile annonce ici ce que sera plus tard l'accent de Luther sur la justification par la foi seule. En effet, il est trésor de rémission, parce qu'il n'est pas parole de loi qui exige et qui condamne, mais parole d'Évangile qui donne et qui pardonne. Il ne revendique pas des hommes qu'il fassent montre de tous leurs biens, mais s'offre à eux dans ce qu'ils sont et tels qu'ils sont. «C'est pourquoi les trésors de l'Évangile sont des filets avec lesquels on pêchait autrefois les hommes pourvus de biens. Les trésors des indulgences sont des filets avec lesquels on pêche maintenant les biens des hommes.» (th. 65-66)

Mais pour cette raison précisément, ce trésor de l'Évangile rencontre une aversion de la part des humains. En effet, leur préférence va aux indulgences plutôt qu'à l'Évangile : « [...] cet Évangile est avec raison très odieux, car il fait des premiers les derniers. Quant au trésor des indulgences, il est avec raison très agréable, car il fait des derniers les premiers. » (th. 63-64) Les indulgences offrent aux hommes de contribuer à leur salut, ne serait-ce que par quelques œuvres ou par une somme d'argent. L'Évangile, par contre, leur refuse toute ressource propre de salut. Le Dieu de l'Évangile ne sait accorder sa grâce qu'aux démunis. Il ne regarde pas aux belles paroles et aux grandes œuvres qui font de nous quelque chose, quelqu'un. Il n'accueille que les derniers, et cela nous fait passer à notre quatrième aspect.

4.
La piété de la croix

A la piété des indulgences, Luther oppose la piété de la croix : par là, nous abordons le quatrième grand argument de Luther, qui revient à travers toute la série de thèses et qui reprend et résume les trois précédents. Pour le dire autrement : les prédicateurs publient leurs indulgences bien haut comme les plus grandes grâces. Mais Luther réplique : « Elles sont cependant, en réalité, des grâces bien minimes, comparées à la grâce de Dieu et à la piété de la croix. » (th. 68) Cette manière de mettre en rapport grâce de Dieu et piété de la croix est caractéristique : pour Luther, il n'y a de grâce véritable que dans la croix. L'une ne va pas sans l'autre : la grâce est cachée sous son contraire, sous les traits de la croix, et ce paradoxe est inévitable dans la foi chrétienne. Les indulgences, par contre, représentent l'effort d'avoir la grâce immédiate, sans la croix.

a) Théologie de la croix et théologie de la gloire

Quand, peu de temps après, Luther écrira son commentaire aux 95 thèses, il développera pour la première fois une opposition qui demeurera fondamentale pour toute sa pensée : celle entre la théologie de la croix et la théologie de la gloire. Ce n'est pas un pur hasard si cette opposition apparaît dans le contexte de la dispute des indulgences. Elle marque au contraire l'enjeu théologique décisif de ce conflit, enjeu sans lequel il serait anodin, insignifiant.

La théologie qui soutient toute la pratique des indulgences est pour Luther une théologie de la gloire, qui ne peut accueillir positivement la souffrance, la peine, l'échec, qui redoute la croix. Partant d'un Dieu glorieux, tout-puissant et majestueux, elle appelle l'être humain à la gloire de celui qui agit, qui accomplit ses œuvres pour se défaire des peines, de la croix. Et c'est pourquoi cette théologie a aboli la croix et renversé la foi chrétienne.

Le théologien de la croix, par contre, parle avec l'apôtre Paul du « Dieu crucifié et caché », faible et impuissant, souffrant sur la croix. Pour cette raison, il « enseigne que les peines, les croix, les morts sont le trésor le plus précieux de tous et les très saintes reliques que le Seigneur de cette théologie a lui-même consacrées et qu'il a bénies [...]» (commentaire à la th. 58). Il y a correspondance entre Dieu et l'être humain : nous sommes appelés à devenir conformes au Dieu crucifié, par notre foi et notre amour, dans la pénitence, et c'est pourquoi la théologie de la croix est incompatible avec la pratique des indulgences.

b) Deux sortes de croix…

Certes, Luther ne peut reprocher à la théologie catholique d'ignorer complètement la croix du Christ. Cette dernière figure même dans les armoiries du pape. Mais cela précisément suscite la critique de la part de Luther : « Dire que la croix dressée de manière éclatante dans les armes papales équivaut à la croix du Christ est un blasphème. » (th. 79) La croix du pape est une croix de gloire, dont la seule autorité est de détourner de la vraie croix du Christ. Il y a donc deux sortes de croix : celle de la théologie de la gloire, visant à une grâce à bon marché, et celle de la théologie de la croix, rappelant avec insistance le prix de la grâce. A la fin de ses thèses, en guise de conclusion, Luther reprend encore une fois cette opposition, en la formulant comme contraste entre la paix et la croix.

c) La paix ou la croix

Nous avons vu plus haut comment Luther critiquait l'aspiration à la sécurité céleste. Pour terminer ses thèses, il revient sur ce motif, mais en le formulant à l'aide d'une parole prophétique. S'inspirant de Jérémie et d'Ézéchiel, il condamne les prophètes de la paix, d'une paix illusoire : « Qu'ils s'en aillent donc, ces prophètes qui disent au peuple du Christ :

'Paix, paix', et il n'y a pas de paix ! » (th. 92) Pour le dire autrement : quelle tromperie que de susciter l'assurance, de prêcher la sécurité, quand il faudrait veiller, être aux aguets, d'endormir, quand il faudrait appeler à veiller.

Il vaudrait mieux tromper dans l'autre sens : appeler à veiller même s'il n'y a aucune raison de veiller. Car n'est-il pas préférable d'avoir veillé en vain que d'être surpris en plein sommeil ? C'est pourquoi, en contraste avec la thèse précédente, Luther peut bénir les prophètes qui proclament la croix même s'il n'y avait pas de croix : « Qu'ils réussissent, tous les prophètes qui disent au peuple du Christ : 'Croix, croix', et il n'y a pas de croix ! » (th. 93) La croix rappelle que le Christ, chef des chrétiens, n'a pas vécu et n'est pas mort dans l'assurance de la paix, mais plutôt dans de nombreuses tribulations, ces tribulations dont il est dit en Actes XIV, 22 que c'est par elles qu'il nous faut entrer dans le règne de Dieu. C'est cet appel à la suivance du Christ sur son chemin de souffrance et de tribulation que Luther place au terme de ses 95 thèses : « Il faut exhorter les chrétiens à s'appliquer à suivre leur chef, le Christ, à travers les peines, les morts et les enfers. Et à espérer entrer au ciel par de nombreuses tribulations plutôt que par la [fausse] assurance que donne la paix. » (th. 94-95)

d) Scandale et folie

La formule d'invitation à la dispute commençait par : « Par amour de la vérité et par souci de la mettre en lumière… ». Si nous aboutissons, au terme du parcours, à la croix, la continuité théologique des thèses se manifeste d'un bout à l'autre. En effet, cette vérité aimée n'est finalement rien d'autre que la croix du Christ. Et il s'agit de la mettre en lumière, même si, ou plutôt : précisément parce qu'elle est, selon Paul, scandale et folie pour les humains, parce que ces derniers préfèrent la tenir dans la pénombre de l'indéterminé, que ce soit par des indulgences ou d'autres assurances. Car la croix, c'est encore et toujours la fin de nos assurances, de nos paix.

Bilan

Si nous confrontons les thèses de Luther de 1517 à la bulle papale d'indiction du Jubilé de l'an 2000, nous voyons d'emblée, moyennant quelques transpositions, toute l'actualité qu'a gardée la prise de position de Luther. C'est ce que j'aimerais montrer ici, en reprenant brièvement, à titre de bilan, les quatre points principaux que nous avons fait ressortir des thèses :

– Certes, la pratique actuelle telle qu'elle est relancée par le Vatican n'est plus entachée par le trafic d'indulgences et ses enjeux financiers. Sur ce point, la critique protestante a porté ses fruits et a conduit à des réformes conséquentes dans la compréhension de l'indulgence. Mais il n'en reste pas moins que la pratique des indulgences porte atteinte au sérieux de la pénitence, et sur ce point, les thèses de Luther gardent toute leur actualité. En rappelant que la pénitence caractérise la vie tout entière, elles jettent un regard critique sur le fait d'associer le processus existentiel de pénitence, de conversion, à l'accomplissement d'œuvres extérieures, ritualisées, institutionnalisées, dans un étrange amalgame d'œuvres religieuses, d'œuvres de piété et d'œuvres morales. Par ce biais, hier comme aujourd'hui, on suscite le sentiment d'un salut par les œuvres qui rapproche dangereusement la satisfaction des peines de la rémission du péché, pour l'ici-bas comme pour le purgatoire, pour soi-même comme pour les âmes défuntes. Mais une pénitence comptabilisée n'est pas une véritable pénitence.

– Parallèlement, Luther attire l'attention sur le problème de la conception des œuvres. Qu'advient-il de ces dernières si elles sont effectuées sous le signe de son propre salut, présent ou futur, ou du salut, présent ou futur, de défunts qui pourraient avoir besoin de mes œuvres ? Bien sûr, Luther sait qu'il ne s'agit pas d'acquérir une dignité méritoire préalable, mais bien de confier aux œuvres le soin de concrétiser le pardon reçu dans l'existence quotidienne. Pourtant des œuvres accomplies dans cette intention sont-elles encore bonnes ? Telle est la question de Luther. C'est pourquoi il contestera l'implication des œuvres dans la justification, s'inspirant de Paul pour proclamer l'Évangile, littéralement : la bonne nouvelle de la justification par la foi seule sans les œuvres de la loi (cf. Romains 3, 28). Certes, il ne conteste pas l'accomplissement des œuvres en tant que tel, mais il souligne que ces œuvres ne sont bonnes qu'aussi longtemps qu'elles sont accomplies sans le souci de devoir contribuer au salut. Lorsqu'elles deviennent une marchandise d'échange en vue d'une assurance céleste, elles perdent leur sens. La chose est particulièrement claire du point de vue religieux : une messe ou toute autre célébration dans une église garde-t-elle tout son sens religieux si je n'y vais que pour faire une œuvre à « capitaliser » comme remise de peine ?

– Comme jadis, la compréhension du « trésor de l'Église » est aujourd'hui aussi en débat. Certes, la conception actuelle du Vatican, pour éviter l'impression d'un marchandage de mérites, tend à inscrire ce trésor dans la perspective d'une communion spirituelle, dans laquelle s'opère « un merveilleux échange de biens spirituels », selon l'expression de la bulle papale (p. 33). Mais il n'en reste pas moins que ce trésor reste placé sous le signe de la juridiction pénitentielle de l'Église, dont l'influence continue de s'étendre jusque dans l'au-delà, pour toucher les âmes défuntes qui se trouvent au purgatoire. A l'accomplissement de certaines œuvres correspond la remise de certaines peines, compensée par l'acquisition de certains mérites du Christ et des saints. Même placée sous le signe d'une communion spirituelle, la pensée reste fondamentalement comptable. Luther oppose à cette option la notion d'un trésor qui est celui de l'Évangile. Nous pourrions dire : un trésor inépuisable de paroles qui libèrent les consciences.

C'est dans ce trésor que l'Église peut puiser pour prêcher la Parole de Dieu comme une parole qui justifie, qui sauve, qui fait vivre, qui transforme la vie, qui y suscite une nouvelle dynamique d'amour.

– Ce que Luther appelle « la piété de la croix » vient contester l'orientation fondamentale de la pratique des indulgences, même dans sa forme actuelle. En effet, comme nous l'avons déjà vu de manière répétée, cette orientation reste essentiellement active : c'est en « accomplissant » des œuvres qu'on « obtient » l'indulgence. La « piété de la croix », par contre, veut nous apprendre la passivité d'un véritable « recevoir ». C'est pourquoi elle insiste sur la possibilité d'être les derniers, les démunis qui s'en remettent pleinement à Dieu. A juste titre, Luther souligne que cette perspective d'une réceptivité fondamentale est plus difficile que celle d'une activité comptable, qui nous est plus naturelle. Accepter d'être accepté tel que je suis, me reconnaître dans celle ou celui que je suis devant Dieu, cela relève du scandale et de la folie que l'apôtre Paul associe à la parole de la croix (cf. 1 Corinthiens 1, 18ss). Mais ce scandale et cette folie sont au centre même de la justification par la foi, cœur de l'Évangile. C'est ce que nous allons découvrir dans notre troisième partie.

Modeste proposition

Au vu de ce qui précède, j'aimerais proposer à l'Église catholique et à la Fédération Luthérienne Mondiale de s'accorder pour ajouter, en annexe à la « Déclaration commune » signée à Augsbourg, les 95 thèses de Luther sur les indulgences. Ce texte ne devrait pas présenter trop de difficultés puisqu'il ne conteste ni l'autorité du pape, ni l'existence en tant que telle du purgatoire. Il aurait, par contre, l'avantage de préciser les réserves résultant de la doctrine de la justification pour la pratique des indulgences.

TROISIÈME PARTIE

Pour un Jubilé de la justification par la foi

La confrontation entre les documents de la Pénitencerie apostolique du Vatican et les thèses de Luther nous a constamment rendus attentifs à une perspective qu'il convient de thématiser maintenant : celle de la justification par la foi, qui constitue le cœur de l'Évangile selon l'apôtre Paul et que les Réformateurs redécouvrent et réaffirment avec passion. C'est ce que j'aimerais essayer de redire aujourd'hui, à titre de message de la foi chrétienne au tournant des millénaires. Au lieu de faire de l'an 2000 un Jubilé des indulgences, nous devons faire de cet anniversaire l'occasion d'un Jubilé de la justification par la foi.

A cet égard, nous ne faisons que prendre au pied de la lettre la « Déclaration commune » signée l'automne dernier à Augsbourg, puisqu'elle veut marquer un accord sur ce point entre luthériens et catholiques. Un tel accord ne doit-il pas nous conduire à réaffirmer de manière nouvelle ce qui fait le message des Églises aux êtres humains « en marche vers le troisième millénaire » ?

C'est à cette tâche que nous voulons maintenant nous consacrer.

1. Une notion vieillie – une notion à redécouvrir ?

Une objection s'impose d'emblée : si l'on reproche à la notion d'indulgence d'être dépassée et incompréhensible pour nos contemporains, n'en va-t-il pas exactement de même de celle de la justification ? Cette notion ne comporte-t-elle pas trop de malentendus pour être revalorisée aujourd'hui ? A-t-on bien raison d'en faire la catégorie centrale, d'autant plus qu'elle ne semble pas reconnue comme telle chez tous, mais peut-être seulement chez Paul et chez les Réformateurs ?

J'entends bien cette objection. Je vais tenter d'y répondre en reprenant la question à la base, pour préciser comment cette notion peut être conçue aujourd'hui, comment elle peut s'exprimer dans différents langages et comment elle entreprend de répondre aux défis lancés par la pratique des indulgences.

a) Un peu d'histoire : la justice de Dieu – entre Abraham et Moïse

La notion de la justification a ses origines bibliques dans celle de la justice de Dieu. La question de la justice de Dieu pose en même temps la question de la justice de l'être humain. Plus précisément : l'être humain peut-il être par lui-même juste selon la justice de Dieu, ou cette justice de Dieu doit-elle se transmettre à lui pour le rendre juste? C'est en s'inspirant de l'Ancien Testament que l'apôtre Paul va développer sa conception d'une justice de Dieu qui se donne à l'être humain et le rend juste, le *justifie*. Cette justification reçue dans la foi se concrétise pour lui de manière marquante dans la figure d'Abraham, père des croyants, qui réapparaît souvent dans ses épîtres.

Mais par le biais de l'Ancien Testament, la notion de la justice de Dieu comporte également de fortes connotations juridiques, dues au lien avec la loi de Moïse, deuxième grande figure dans la relecture paulinienne de l'Ancien Testament. En effet, si la question de la justice de l'être humain se pose, c'est parce qu'il a perdu cette justice en transgressant la loi. Il s'est rendu fautif devant Dieu, si bien que se pose pour lui la question d'une réparation qui lui permettra de retrouver sa justice. C'est ce qui introduit le motif de l'expiation, pour lequel l'Ancien Testament connaît différents cérémoniels: sacrifice dans le Temple, bouc émissaire envoyé dans le désert, sang de l'agneau pascal, etc.

b) La justification par le sacrifice d'expiation du Christ

Dans la théologie des premiers chrétiens, cette représentation va s'appliquer à Jésus-Christ: sa mort est un sacrifice expiatoire, et par la foi en lui, la justice de Dieu se transmet aux humains pécheurs et ainsi les *justifie*, les rend justes. La justice qui leur fait défaut leur est donnée par Dieu à travers le sacrifice de son Fils.

On trouve cette conception sacrificielle chez Paul ; toutefois, elle n'est probablement pas sa création propre, mais il doit l'avoir héritée de la tradition qui le précède. Pourtant, par le biais de ses épîtres, cette conception a marqué toute la tradition chrétienne et on peut dire que c'est encore elle qui se trouve à l'arrière-fond de la bulle papale, lorsque celle-ci explicite sa vision des mérites accumulés dans le « trésor de l'Église ».

Qu'en est-il de cette représentation sacrificielle ? Sommes-nous nécessairement liés à elle pour l'explicitation du sens de la justification par la foi ?

c) La liberté d'interpréter

L'exemple de Paul est éloquent : il ne s'est pas restreint à cette unique représentation héritée de la communauté primitive. Il s'est efforcé d'exprimer ce même message en d'autres langages. Pour en donner quelques exemples : en mourant sur la croix, le Christ paie le prix pour le *rachat des esclaves*, afin de les affranchir ; par la mort et la résurrection du Christ,

Dieu *réconcilie* l'être humain avec lui-même et par là même avec soi-même ; la parole de la croix proclame une *folie* qui confond la *sagesse* des hommes.

Nous tenterons nous aussi, ci-dessous, d'utiliser d'autres langages. Mais il y a en même temps une deuxième liberté, celle d'interpréter cette représentation. Elle n'est pas à reprendre telle quelle, ni à jeter simplement aux orties. Nous pouvons entreprendre de la réinterpréter, dans la rencontre entre les textes de jadis et l'expérience vécue d'aujourd'hui.

d) La justice – une notion relationnelle

Nous avons pu observer que dans la pratique des indulgences règne un esprit comptable, lié probablement à l'insistance sur l'expiation au sens d'une réparation un peu mécanique des fautes (« donnant donnant »). En contraste, il convient de souligner que le sens premier de la justification par le sacrifice est *relationnel*. En effet, par sa faute, l'être humain a brisé sa relation à Dieu, ce qui l'expose à la mort. Le sang étant principe de vie dans la conception hébraïque, le fait de verser le sang de la victime rétablit la relation et réinstaure la vie. Cette vie nouvelle est justice retrouvée en ce sens que l'être humain pourra vivre à nouveau dans des rapports justes avec la réalité, avec les êtres qui l'entourent. La justice n'est pas une qualité inhérente, mais la possibilité de « rendre justice », de se « comporter juste » par rapport aux autres, à soi-même, à la société, au monde. Un être humain est donc *justifié, rendu juste par la foi* lorsqu'il se trouve placé dans une relation de confiance avec Dieu qui lui permet de retrouver une entente, une concordance avec tout ce qui l'entoure. Cette confiance n'est pas à comptabiliser, même si le latin « fiducia » est à l'origine du français « fiduciaire » !

e) « Justification, justifier » dans l'usage actuel

Le caractère relationnel transparaît aussi dans l'usage actuel des termes concernés. Il en va de la justesse ou non, de l'adéquation ou non d'une certaine manière d'être ou d'agir par rapport à certaines données ou situations. L'ambivalence se marque d'emblée dans l'usage pronominal du verbe. En effet, on dira que quelque chose « se justifie » pour souligner que quelque chose s'impose, s'avère adéquat. Ainsi, une action justifiée a sa raison d'être, répond à un impératif et prend toute sa valeur dans cette adéquation. Mais il n'en est pas toujours ainsi, et c'est pourquoi « se justifier » désigne aussi un effort actif de la part de l'être humain, par lequel il entreprend de montrer qu'il agit ou vit juste, de se rendre juste lui-même.

Ainsi, dans cet usage quotidien s'annonce déjà tout le problème théologique : lorsque quelque chose « se justifie », s'impose comme adéquat, conforme, c'est une grâce reçue ; lorsque je dois activement me justifier moi-même, j'entre dans la spirale d'une justification, parfois passionnément recherchée – et peut-être jamais trouvée…

Nous avons tenté de dégager l'aspect relationnel et d'y découvrir en même temps une ambiguïté constitutive. Lorsqu'on élargit ainsi la perspective de la justice, comment peut-on exprimer en des termes nouveaux ce que signifie la justification par la foi ?

f) Répondre de moi-même de manière ultime, ou : le paradoxe du péché

Le caractère relationnel de la justice est lié à l'exigence de responsabilité qui traverse ma vie : dans tout ce que j'entreprends et réalise, dans tout ce que je vis, je suis appelé à répondre à de multiples sollicitations et interpellations. Mais en même temps, dans ma manière de relever ou de ne pas relever ces différents défis, mon identité n'est pas encore établie. Dans ce que j'assume ou n'assume pas, je suis sans cesse confronté à la question de savoir qui je suis ou ne suis pas. Ma responsabilité est ainsi doublement orientée : dans ma manière de *répondre aux appels* qui me sont lancés, je dois en même temps *répondre de moi-même*, de ce qui me constitue, de ce qui donne sens et valeur à ma vie, ou pour le dire dans nos termes : de ce qui *justifie* ma vie.

Rien que de très naturel jusqu'ici, et les réponses concernant la justification de la vie peuvent être très variées : le plaisir, le bonheur, l'amour, le travail, le bien-être, le devoir accompli, l'authenticité, etc. Mais il y a comme un « surplus » contenu dans cette question et qui m'entraîne vers un absolu : quelle est ma justice *ultime*, qu'est-ce qui me rend juste, conforme, *en dernière instance* ? Je suis ainsi appelé à répondre de moi-même de manière ultime. C'est à cet endroit que se manifeste un paradoxe : si je me rends ainsi responsable de moi-même en dernière instance, je deviens moi-même ma propre instance dernière et me referme sur moi-même. Je deviens prisonnier de mon propre effort de me justifier, de me rendre juste ultimément. Pour le dire théologiquement : je me fais moi-même mon propre dieu, comme si je disposais de l'ultime. Mais cela précisément me fait entrer dans une discordance radicale : je ne suis plus en mesure de répondre qu'à moi-même et je ne puis donc être juste à l'égard des autres, du monde, parce que toutes mes relations ne visent qu'à me justifier moi-même. Cherchant une justification ultime, je deviens profondément injuste. Ce paradoxe est traditionnellement appelé le péché, qui n'est pas un manquement, une faute, un faux pas, mais bien cette discordance d'un être humain qui se retrouve prisonnier de son propre effort de justice.

g) Une justice donnée : s'abandonner de manière ultime

L'Évangile nous invite à relire l'expérience du péché comme une expérience de la non-maîtrise : ce qui se manifeste dans la discordance d'un être humain prisonnier de son propre effort de justice, c'est qu'il n'est pas maître de l'ultime, du dernier, et qu'à chaque fois qu'il tente une mainmise sur celui-ci, il se retrouve prisonnier.

Dès lors, comment remédier à ce problème ? L'Évangile répond : en reconnaissant cette non-maîtrise de la justice ultime, en renonçant à toute mainmise sur elle. Autrement dit : en s'abandonnant de manière ultime. Mais comment cela peut-il se faire ? L'Évangile répond : cela ne peut pas se *faire*, mais ne peut être que *reçu*, en accueillant dans sa vie tout entière un nouvel esprit. C'est ce don qui s'opère dans la foi, comme la possibilité de s'en remettre, de se confier ultimément à un autre, de s'abandonner à lui.

Mais où cette possibilité s'ouvre-t-elle ? L'Évangile répond : dans la mort du Christ sur la croix. En elle se manifeste une non-maîtrise souveraine. Pour le dire en lien avec la prière du crucifié dans les évangiles de Marc et de Matthieu : abandonné de tous, même de Dieu, il crie à ce Dieu son abandon. « Mon Dieu, mon Dieu, pourquoi m'as-tu abandonné ? » Mais par là même, il sollicite ce Dieu, l'interpelle comme « mon Dieu » : dans l'abandon même, je peux me confier à lui comme « mon Dieu ». Je peux m'abandonner en celui qui m'abandonne. Et c'est ainsi que s'ouvre une toute nouvelle possibilité de confiance, jusque dans l'abandon le plus extrême.

h) La justification par la foi comme relation de confiance

Ce que nous venons de dire de la mort du crucifié exprime en somme le message de Pâques : dans l'abandon de la croix, la naissance d'une confiance toute nouvelle. Ce message de Pâques est celui de la justification par la foi : ce qui me rend juste de manière ultime, c'est la foi au sens de cette confiance qui me permet de m'abandonner moi-même et mes tentatives de mainmise en m'abandonnant à ce Dieu de la croix, à ce Dieu de la non-maîtrise.

C'est cette perspective de la relation de confiance qui permet à l'apôtre Paul de relire la figure d'Abraham, déjà mentionnée plus haut, comme figure du croyant : « Espérant contre toute espérance, il crut », dit de lui l'épître aux Romains, et résistant aux doutes que pouvait susciter en lui la faiblesse de son corps vieilli, « il fut fortifié par la foi et rendit gloire à Dieu, pleinement convaincu que, ce qu'il a promis, Dieu a aussi la puissance de l'accomplir. Voilà pourquoi cela lui fut compté comme justice. » (Romains 4, 17 et 20-22)

En s'inspirant de cette relecture paulinienne d'Abraham, nous pourrions dire de même : le fait de m'abandonner dans la confiance me permet précisément de me recevoir moi-même en retour, au lieu de devoir me conquérir moi-même, de me justifier moi-même de manière ultime. Ce qui me donne ma valeur ultime, ce qui me rend juste en dernière instance, c'est justement cette confiance qui me permet de me recevoir, de m'accueillir tel que je suis. Et c'est elle qui me permet aussi de redevenir juste à l'égard des autres, du monde, de tout ce qui m'entoure, et même à l'égard de moi-même : tout cela m'est rendu dans cette relation nouvelle de la confiance. Libéré de mon effort de justice ultime, je m'attache à aller à leur rencontre avec amour, à répondre de la manière la plus adéquate à leurs appels et sollicitations, sans jamais en faire l'objet d'une quête ultime, acceptant pleinement le statut avant-dernier et non dernier de ces tâches. C'est ce que nous pourrions ici appeler la concordance de la foi.

i) La concordance à travers les discordances : « à la fois juste et pécheur »

Mais l'être humain est un être vivant, il ne se fige jamais sur des acquis, parce que la vie continue et lance sans cesse de nouveaux défis. C'est pourquoi la justification par la foi n'est jamais acquise une fois pour toutes. La possibilité de la discordance fondamentale désignée comme celle du péché reste toujours possible. Il n'y a donc de concordance qu'à travers les discordances qui peuvent sans cesse se réinstaller dans la vie. Autrement dit : la confiance comme climat ultime de la vie est sans cesse exposée à des crises qui la remettent en question de manière radicale, parce qu'elles déclenchent à nouveau dans l'être humain les tentatives de se justifier soi-même. Pour le dire dans le langage de la tradition protestante : le croyant est toujours « à la fois juste et pécheur ». Il n'est jamais parfaitement et définitivement juste, il n'est juste que dans le mouvement même de la libération sans cesse renouvelée de son péché. Il n'*est* pas juste, mais le *redevient* constamment.

Cette formule n'a de valeur qu'existentiellement : il en va ici d'un cheminement de vie dynamique, qui fait que la vie n'est pas « un long fleuve tranquille », mais une aventure passionnante, aux péripéties multiples. C'est ce que Luther exprime au début de ses thèses en disant que la vie tout entière est une pénitence. Nous pourrions dire aussi : que toute la vie est une constante conversion, un constant mouvement de reprise et de réappropriation.

j) En guise de transition

Ce que je viens d'expliciter est-il susceptible d'interpeller les contemporains « en marche vers le troisième millénaire » ? C'est mon pari, et c'est pourquoi j'ai posé au départ de cette partie que l'an 2000 est l'occasion non pas d'un Jubilé des indulgences, mais d'un Jubilé de la justification par la foi. Toutefois, pour tenir ce pari, il faut encore élargir la perspective. Après avoir réinterprété la notion de la justification par la foi à partir de ses racines bibliques et de sa résonance actuelle, il faut tenter de montrer comment cette idée peut aujourd'hui se dire en d'autres langages, plus proches peut-être de nos contemporains.

2.
Plusieurs langages pour un même message

Bien sûr, la réinterprétation de la notion traditionnelle de la justification par la foi entreprise au chapitre précédent a déjà fait intervenir des éléments actuels, pour saisir certaines résonances présentes. Il nous faut maintenant poursuivre cet exercice de relecture de manière plus systématique, en variant les points de vue.

a) Quelques exemples bibliques

On a parfois contesté l'accent mis sur la justification par la foi comme principe premier du christianisme en soulignant qu'un tel accent réduisait tout à la perspective de l'apôtre Paul et ne respectait pas la diversité des traditions bibliques, qu'il fallait donc compléter ce principe par d'autres, inspirés par d'autres textes.

Cette manière de réduire la justification par la foi à un principe purement paulinien est problématique. En effet, elle ne prend pas en compte qu'ailleurs, cette idée pouvait s'exprimer sous d'autres formes, indépendamment de la terminologie utilisée par Paul. Il est intéressant de se mettre ainsi à l'écoute des textes pour y repérer certaines représentations dont la signification pourrait être équivalente, même si elles s'expriment par des notions différentes. A cet égard, la Bible fait incontestablement preuve de liberté. Plus haut, nous avons déjà vu comment chez Paul l'expiation côtoie d'autres langages pour exprimer le message de l'Évangile. Ainsi, lorsque Paul s'adresse à la communauté de Corinthe, il ne développe pas, comme dans l'épître aux Romains, sa doctrine de la justification, mais proclame sa « parole de la croix » (1 Corinthiens 1, 18ss) comme une folie qui confond la sagesse des hommes, ou comme une force qui trouve toute sa mesure dans la faiblesse et qui permet ainsi à l'être humain d'être fort en étant faible (2 Corinthiens 12, 9-10). Ces notions sont théologiquement équivalentes.

De même, on peut repérer certaines équivalences entre les différents textes du Nouveau Testament. Ainsi, lorsque Luther, au début de ses thèses, cite Matthieu 4, 17 : « Convertissez-vous, car le règne des cieux s'est approché », il renvoie à une notion clé des évangiles synoptiques, celle du règne de Dieu, qui correspond fondamentalement à la notion de la justification par la foi chez Paul. En effet, le règne de Dieu vient créer un nouvel espace dans le monde des humains, un espace de liberté et de joie qui leur offre la possibilité d'un retournement radical de leur vie. Il ne s'agit pas de faire pénitence, de se repentir, pour qu'arrive le règne de Dieu. Non, le règne de Dieu a instauré une dynamique nouvelle qui transforme les humains.

Pareillement, l'évangile de Jean ne connaît pas la notion de la justification par la foi. Celle du règne de Dieu ne joue pas non plus de rôle essentiel. Par contre, cet évangile présente son message de salut en proclamant que celui qui croit en Jésus Christ a la vie éternelle, et non pas seulement comme une perspective d'au-delà, après la mort, mais comme une nouvelle réalité existentielle qui commence ici et maintenant. Inscrit dans cette dynamique de vie, le croyant a déjà passé de la mort à la vie et ne sera donc plus jugé (cf. Jean 3, 18); « celui qui croit en moi vivra, même s'il meurt » (Jean 11, 25).

Cette diversité biblique devrait nous inspirer dans nos propres efforts de transcription.

b) Un avenir ouvert – pour rendre présent au présent

Mon premier essai s'inscrit dans une perspective temporelle proche du motif de la vie éternelle de Jean.

A l'occasion de l'an 2000, nombreux sont nos contemporains obnubilés par l'avenir. Tantôt, ils redoutent le changement de millénaires et y associent toute une série de « scénarios catastrophe » ; tantôt, ils rattachent au troisième millénaire les espérances les plus folles. Cette ambivalence reflète bien celle de l'angoisse, vertige qui est toujours fascination et répulsion à la fois[14].

Ainsi, nous sommes pris de vertige à l'égard de l'avenir. Nous ne pouvons nous empêcher de nous préoccuper de lui, soucieux de savoir ce qu'il nous réservera, en bien ou en mal, soucieux de le maîtriser le plus possible et d'en tirer le plus de bonheur possible. Mais c'est précisément ce qui nous asservit à lui, et cet asservissement nous empêche en retour d'être pleinement présents. Blaise Pascal a formulé ce problème dans une très belle pensée : « Nous ne pensons presque point au présent, et si nous y pensons ce n'est que pour en prendre la lumière pour disposer de l'avenir. [...] Ainsi nous ne vivons jamais, mais nous espérons de vivre, et nous disposant toujours à être heureux, il est inévitable que nous ne le soyons jamais. »[15]

Sous cet angle, le message de la justification par la foi seule consiste à proclamer que notre avenir est ouvert. Nous n'avons pas à le maîtriser, nous pouvons le *laisser advenir* en toute confiance, en le remettant à Celui qui tient tous nos instants dans sa main (cf. Psaume 31,16). Cette possibilité de laisser advenir l'avenir nous permet de nous tourner de manière nouvelle vers le présent, pour nous consacrer à lui comme au temps décisif de nos vies, afin de devenir présents à notre présent.

Commentant l'appel à ne pas se soucier du lendemain dans Matthieu 6, 34, Kierkegaard exprime ce rapport à l'avenir et au présent par l'image du rameur : « Dans la barque, le rameur tourne le dos au but vers lequel il s'efforce pourtant. Il en est de même du lendemain. Quand, grâce au secours de l'éternel, l'homme vit plongé dans le jour présent, il tourne le dos au lendemain. [...] Et c'est ainsi qu'un homme doit s'orienter pour bien travailler aujourd'hui. Tout moment d'impatience où l'on veut regarder au but pour voir si l'on s'en approche un peu est toujours une cause de retard et de distraction. Non ; sois une fois pour toutes et sérieusement résolu et mets-toi au travail – le dos tourné au but. Ainsi fait le rameur dans la barque, et de même le croyant. »[16] Kierkegaard en dégage, comme grâce de l'existence croyante, la possibilité d'être « contemporain de soi-même » (p. 69).

Certes, ce retour au présent ne s'opère pas une fois pour toutes. Sans cesse, les rameurs se retournent pour scruter l'avenir. L'angoisse de l'avenir reprend ses droits sur nous. Mais c'est alors « toujours une cause de retard et de distraction ».

c) Devenir « excentrique » - pour être recentré

Le mouvement qui vient d'être décrit du point de vue du temps peut l'être aussi sous l'angle de l'espace. Nous pouvons, pour ce faire, partir de la quête de l'identité. Il est important pour moi de savoir qui je suis. L'identité, qui me constitue, c'est aussi ce qui me permet d'être « auprès de moi-même », d'être un, d'être en concordance avec moi-même, condition forte de mon bonheur. Mais cette identité n'est jamais acquise une fois pour toutes, et c'est pourquoi elle devient une tâche que je dois constamment remettre sur le métier.

Cela étant, tout ce que j'entreprends s'inscrit dans cette quête : je m'active pour me construire une identité, dans le souci d'être celle ou celui que je veux être. Et c'est ainsi que ce qui aurait dû me centrer me disperse : je me perds en activités dans l'effort d'être avec moi-même, d'être moi-même.

A cette difficulté, la justification par la foi oppose un contre-paradoxe : « Laisse-toi mettre à distance de toi-même, et cela te recentrera. » La foi arrache l'être humain à son effort effréné d'identité et, comme le disait Luther, le pose en dehors de lui-même[17]. « Ce que tu es vraiment, tu l'es là, à l'écart de tes efforts. Là, tu te reçois toi-même, et dans ce cadeau, tu te retrouves toi-même. »

Pour le dire autrement : l'être humain est appelé à devenir « excentrique », au sens littéral. Il n'a plus son centre en lui-même, mais en dehors de soi, et c'est ce qui lui permet d'être recentré, jusque dans son identité, une identité libérée parce qu'elle intègre l'extériorité, ou, comme disent les philosophes, l'altérité. Il peut alors sortir de lui-même sans se disperser. Il peut aller à la rencontre des autres, réapprenant sans cesse, dans ce don d'autrui, à se recevoir lui-même.

d) Être porté – pour mieux porter

Porter la vie à bras-le-corps, telle est l'exigence sous laquelle nombre de personnes ploient – ou se brisent, ne se sentant pas la force d'Atlas face à une responsabilité qui s'exacerbe en l'exigence infinie d'être à soi-même son propre fondement. Peut-on ainsi se porter soi-même par ses propres forces ? Et pourtant, dit la sagesse, on n'est jamais aussi bien servi que par soi-même. Les valeurs porteuses peuvent être diverses : l'amour, le travail, le bonheur, le bien-être, la gloire, etc. Mais tout cela ne tombe pas du ciel. Il vaut mieux t'en occuper. Porte-toi, et le ciel te portera !

Et si tu te laissais porter ?, demande la foi. Sur la croix, Jésus ne portait pas le monde à bras-le-corps, mais il est mort les bras en croix, s'abandonnant au Dieu qui l'abandonnait. Fondé sur cet événement de la croix, l'Évangile proclame sa promesse inconditionnelle : « Dans l'abandon, tu seras porté ! Et alors, tu pourras mieux porter, tout autour de toi, parce que tu ne t'épuiseras pas à te porter toi-même. »

Un auteur brésilien a exprimé cette promesse dans une sorte de prière narrative racontant un rêve :

« Je cheminais sur une plage côte à côte avec toi
Nos pas se dessinaient sur le sable
Laissant une double empreinte
La mienne et celle du Seigneur
L'idée me vint – c'était un songe –
Que chaque empreinte représentait un jour de ma vie…

Je me suis arrêté pour regarder en arrière
J'ai vu toutes ces traces se perdant au loin
Et en certains points, au lieu de deux empreintes
Il n'y en avait qu'une.

J'ai revu le film de ma vie
Ô surprise ! Les points à empreinte unique
Correspondaient aux jours
Les plus sombres de mon existence
Jours d'angoisse ou de souffrance
Jours d'épreuve et de doute.

Alors, me retournant, je dis : Seigneur !
N'avais-tu pas promis d'être avec nous chaque jour ?
Pourquoi m'as-tu laissé seul aux pires moments,
Aux jours où j'aurais eu le plus besoin de toi ?

Et le Seigneur m'a répondu : Mon ami,
j'ai dit que je ne te laisserais pas un instant seul.

Les jours où tu ne vois qu'une trace
De pas sur le sable,
ce sont les jours où je t'ai porté. »[18]

e) Reconnu et reconnaissant : jeux de regards et de visages

« La lutte pour la reconnaissance », tel est le titre d'un ouvrage d'Axel Honneth[19] caractérisant notre époque comme une époque avare de reconnaissance. L'être humain n'est pas reconnu et doit sans cesse lutter pour sa reconnaissance, la perd et doit la reconquérir. De là dépendent aussi sa valeur, son estime de soi et donc sa dignité. Ainsi, un chômeur vit sa situation comme une crise de la reconnaissance : rendu inutile, il n'a plus de reconnaissance sociale, et cela remet en question sa dignité, surtout si le travail constituait pour lui une valeur importante de sa vie.

Pour exprimer ce problème de la reconnaissance de manière plus imagée : l'être humain doit sans cesse se confronter à la question « Qu'est-ce qui me donne bonne figure, qu'est-ce qui m'empêche de perdre la face ? » Jeux de regards et de visages dans les multiples face-à-face de la vie. Il est des regards qui « dévisagent » ; il est des masques, imposés ou choisis, qui cachent des visages « défigurés » par l'échec, la honte, le mépris, l'angoisse, la peine, mais souvent aussi par la gloire, l'orgueil, la démesure.

Qu'est-ce qui me donne un visage qui me permet d'être reconnu à ma juste valeur ? Au terme de sa nuit de lutte, le patriarche Jacob appelle le lieu de son combat Peniël, ce qui veut dire en hébreu « Face-de-Dieu » (cf. Genèse 32, 23-33), parce que dans sa longue lutte, il a vu Dieu face à face et il y a aussi retrouvé son propre visage, dans la bénédiction de l'aube faisant de lui Israël. Par le regard que Dieu a posé sur lui, il peut se reconnaître lui-même. Mais par là même, *reconnu*, il sort aussi *reconnaissant* de son combat, et cela dans un double sens. D'une part, il est reconnaissant à l'égard de Dieu qui l'a reconnu. D'autre part, il peut aller, boitant, à la rencontre de son frère Esaü, le reconnaissant comme il a été lui-même reconnu : « j'ai vu ta face comme on voit la face de Dieu – et tu m'as agréé » (Genèse 33, 10).

f) Rentabilité et gratuité

Le thème de la reconnaissance s'inscrit dans un contexte social. Restons un instant dans cette perspective en introduisant un autre aspect dont la connotation est également sociale. La société dans laquelle nous vivons aujourd'hui, placée sous le signe du néolibéralisme, fait de la rentabilité son critère essentiel. Il en résulte des concentrations, des fermetures d'entreprises, des démantèlements du tissu social, sans beaucoup de considérations éthiques pour les victimes de ces processus. Nombreuses sont ainsi les personnes déclarées socialement inutiles parce que non rentables. Parallèlement, pour ceux qui sont (encore ?) au travail, la pression augmente : on parle de plus en plus du salaire au mérite, et non seulement dans l'industrie privée, mais aussi dans la fonction publique. La société tout entière devient une société au mérite, et tant pis pour les « non-méritants », ces personnes peu qualifiées (ou parfois aussi *trop* qualifiées !), ces personnes insuffisamment intégrées, ces personnes handicapées, jugées « inaptes » !

En contraste avec cette situation, la proclamation de la justification par la foi instaure une logique de la gratuité. Fondamentalement, sous l'angle de l'Évangile, il n'y a pas de méritants, pas de rentables. Et pourtant nous sommes tous accueillis, par pure gratuité, pourrions-nous dire, pour rendre de manière nouvelle l'accent du salut par la grâce seule. Cette logique de la gratuité a pris une forme concrète dans la manière dont Jésus, sous le signe du règne qui s'approche, a cassé les barrières sociales de son époque pour intégrer ceux qui étaient déclarés impurs, les exclus, les malades, les collecteurs d'impôts et les prostituées.

Il y a dans les excès de la logique de la rentabilité quelque chose de la dynamique du péché : l'affirmation à outrance d'une force, d'une maîtrise, d'une réussite, rondement menée, et dont on pourra se glorifier.

La parole de la croix peut – et doit – ici faire scandale, en confondant la logique sociale de la sacro-sainte rentabilité : « [...] ce qui est folie dans le monde, Dieu l'a choisi pour confondre les sages ; ce qui est faible dans le monde, Dieu l'a choisi pour confondre ce qui est fort ; ce qui dans le monde est vil et méprisé, ce qui n'est rien, Dieu l'a choisi pour réduire à rien ce qui est. » (1 Corinthiens 1, 27s)

g) S'accepter soi-même comme un être accepté

S'accepter soi-même dans ses forces et ses faiblesse, dans ses dons et ses limites, tel est aujourd'hui le message de nombre de sagesses de vie. Mais comment s'y prend-on ? Ces sagesses de vie appellent à l'acceptation de soi, mais ne disent pas toujours ou pas clairement du moins où l'on trouve la force de s'accepter soi-même. C'est un peu comme le baron de Münchhausen qui prétendait s'être tiré lui-même par les cheveux hors du marais dans lequel il s'enfonçait avec son cheval !

Ici aussi, la foi chrétienne renverse la perspective. Elle ouvre d'abord un espace d'acceptation en proclamant : « Tu es déjà accepté, avec tout ce qui te constitue, tel que tu es, et c'est pourquoi accepte d'être ainsi accepté ! »[20]

Accueillant cette promesse dans la foi, l'être humain peut s'accepter lui-même et devenir ainsi ce qu'il est dans sa réalité humaine trop humaine. « C'est la foi qui fait la personne », dit Luther de manière lapidaire, exprimant ainsi un trait essentiel de la justification par la foi[21]. Mais la personne, ce n'est pas ici la fine pointe de l'âme, un principe suprême et translucide, mais, conformément à l'apôtre Paul, c'est l'être humain dans son corps, la vie humaine dans son épaisseur, dans sa quotidienneté, avec ses joies et ses vicissitudes concrètes. C'est là l'espace que l'être humain est appelé, sous le signe de la promesse, à habiter pleinement. Car c'est ce corps qui est « le temple du Saint-Esprit » (1 Corinthiens 6, 20).

h) Bienheureuse culpabilité

A juste titre, on a combattu au XXe siècle, sous l'influence de la psychanalyse notamment, tous les effets néfastes de la culpabilisation, toutes les perturbations psychiques et spirituelles suscitées par les sentiments de culpabilité. Notre thème des indulgences montre bien comment on peut alimenter et en même temps exploiter ces sentiments de culpabilité : les abus du trafic d'indulgences de la fin du Moyen Âge en sont un exemple parlant. Il n'est pas question de revenir en arrière sur ce point. Pourtant, à trop combattre la culpabilisation, on risque de perdre la culpabilité, parce qu'on l'identifie d'emblée avec de faux sentiments de culpabilité. Juger n'est alors plus permis, puisque ce n'est toujours que culpabiliser.

Mais un monde sans culpabilité ne pourrait-il pas s'avérer tout aussi terrible que celui de la pure et simple culpabilisation ? Un monde tragique, où nous ne connaissons que la fatalité du mal subi ? Un monde cynique où il ne reste que des intérêts et des jeux de pouvoir ? Dans son récit *La panne*, Dürrenmatt nous raconte, dans la figure d'Alfredo Traps, le bonheur de se découvrir coupable, dans un monde qui ne connaît que la « saucissonnerie » des conflits d'intérêts et des rapports de pouvoirs. Traps, dévoilé dans sa culpabilité cachée par quatre juristes retraités qui passent leurs soirées à jouer des procès, parle d'une nouvelle naissance : « [...] il avait réalisé pour la première fois cette nuit ce que cela signifiait de mener une existence véritable [...], une tâche qui comportait nécessairement les idées supérieures de la justice, de la culpabilité et de l'expiation ». Parlant à cet égard d'une « révélation qui l'a fait naître de nouveau », Traps précise que « cette idée de nouvelle naissance lui paraissait adéquate pour exprimer le puissant ouragan de bonheur qui l'avait saisi, pénétré et bouleversé de fond en comble »[22].

Assurément, certains jugements sont dévastateurs. Mais il en est d'autres qui s'avèrent libérateurs, parce qu'ils clarifient des ambiguïtés, explicitent des non-dits, arrachent à des flous angoissants, font sortir de zones d'ombre oppressantes.

Felix culpa, « bienheureuse culpabilité », dit le missel romain de la vigile du soir de Pâques. Être justifié, ce n'est pas être débarrassé de la culpabilité à bon marché, mais c'est pouvoir l'accueillir, la reconnaître et l'assumer comme mienne, sous le signe d'une promesse qui ne me réduit pas à cette culpabilité, mais qui me donne en même temps de la mettre à distance, pour en être libéré. Pour citer le missel jusqu'au bout : « Bienheureuse culpabilité, toi qui as mérité un Rédempteur d'une telle qualité et d'une telle grandeur ! »

Étrange utilisation du verbe « mériter » en lien avec le péché, utilisation somme toute assez protestante : ce n'est pas par des œuvres qu'on devient digne de la rédemption, mais par le péché, ou pour le dire bibliquement : « Ce ne sont pas les bien-portants qui ont besoin de médecin, mais les malades ; je suis venu appeler non pas les justes, mais les pécheurs. » (Marc 2, 17 et parallèles). C'est dans ce sens que Luther désigne comme la tâche essentielle celle de « planter, ériger et magnifier le péché »[23]. Mais l'idée a d'abord des origines pauliniennes : « [...] là où le péché a abondé, la grâce a surabondé [...]» (Romains 5, 20)[24].

3.
Quelques défis à relever

Tout le propos de ce petit ouvrage me conduit à opposer le message de la justification par la foi à la pratique des indulgences du Vatican. Une telle opposition n'a de sens que si j'accepte également de relever certains défis qui nous sont lancés par cette pratique. J'entends par là certains points qui constituent des éléments majeurs de l'argumentation papale et par rapport auxquels le point de vue protestant que je développe ici doit se situer.

a) Le chrétien comme pèlerin

La bulle papale souligne l'importance du pèlerinage comme signe jubilaire, exprimant l'existence croyante comme un cheminement et soulignant que la condition du croyant est celle de *l'homo viator*, de l'homme voyageur. Qu'en est-il du protestant ? Il ne connaît guère la pratique des pèlerinages – sauf peut-être, à titre d'exercice de mémoire, sur les traces des Huguenots dans les Cévennes ou celles de Luther dans l'Est de l'Allemagne ! Serait-il dès lors un sédentaire, un peu casanier, installé dans le monde ?

Assurément, la tradition protestante n'a pas conservé la pratique du pèlerinage comme exercice de piété. Cela ne signifie pourtant pas qu'au sens existentiel, le croyant protestant ne soit pas un « voyageur sur la terre », « sans cité permanente ici-bas » (cf. Hébreux 11, 13 et 13, 14). Certes, en opposition aux œuvres religieuses de l'époque, la Réforme a souligné l'importance de la vie quotidienne et des tâches séculières. Mais bien comprise, cette vie quotidienne n'est justement pas installation, mais marche incessante. Le véritable pèlerinage est le cheminement quotidien d'une foi incarnée dans la réalité terrestre. Mais, à la différence de la bulle papale, la foi protestante ne dira pas tout de go que « le pèlerin avance sur la voie de la perfection chrétienne » (p. 29). Le cheminement protestant est moins linéaire, passe par des crises, traverse des tensions, revient en arrière pour repartir en avant. Cela est lié au fait que le croyant est toujours « à la fois juste et pécheur », un correctif qui, selon la « Déclaration commune » signée à Augsbourg, ne devrait plus séparer luthériens et catholiques[25]. La marche croyante n'est pas un progressif dépassement, mais un approfondissement répété de cette tension entre la justice et le péché.

b) La porte sainte, ou les passages à gué de l'existence croyante

La porte sainte, deuxième signe jubilaire, marque « le passage que tout chrétien est appelé à effectuer du péché à la grâce » (bulle papale, p. 29). Conformément à ce que nous venons de souligner avec le croyant « à la fois juste et pécheur », ce passage ne se fait pas une fois pour toutes, à travers une porte glorieuse, liturgiquement symbolisée par les portes saintes des grandes basiliques de Rome, ouvertes en grandes pompes dans la période de Noël. Parce que le passage « du péché à la grâce » occupe le mouvement de la vie dans sa quotidienneté, notre symbole sera plus modeste, plus discret : nous parlerons des passages à gué de l'existence croyante.

A l'image de Jacob au gué du Yabboq (Genèse 32, 23-33), nous sommes sans cesse confrontés, dans nos vies, à ces lieux de passage, où quelque chose de décisif se déroule, qui met en crise notre existence, qui fait l'objet d'une lutte, mais aussi d'une bénédiction, peut-être, au lever du jour. Cette bénédiction nous permettra de reprendre notre cheminement. En boitant, peut-être, comme Jacob au sortir de sa nuit de combat. C'est ainsi que la foi est passage : comme un passage à gué, sans garantie.

c) Le Christ, notre seule indulgence

A un endroit précis des « Dispositions pour l'obtention de l'indulgence du Jubilé », il est fait mention du Christ comme « l'indulgence et la victime offerte pour nos péchés » (p. 47). La fin de la formule est une reprise de 1 Jean 2, 2 ; par contre, le premier élément est plus intéressant : à proprement parler, il n'y a qu'une véritable indulgence, celle qui se manifeste en Jésus-Christ. Le singulier est de mise, car il n'en va de rien d'autre que de la grâce divine. En effet, « indulgence » signifie ici la bonté, la bienveillance de Dieu, le regard favorable qu'il porte sur nous et qui nous délivre de nous-mêmes. Dans ce cas, le Christ est bien *notre seule indulgence*.

Pour la Pénitencerie, ce principe a une fonction de fondement : c'est *cette indulgence* du Christ que l'Église distribue par petits bouts dans *ses indulgences*. Pour moi, ce principe a une fonction critique : si l'on comprend bien ce que signifie l'indulgence du Christ, il est absolument exclu d'en faire une distribution par petits bouts dans les *indulgences*. La grâce de Dieu est singulière, mais tous peuvent y avoir part, en la recevant comme un nouvel esprit de vie, et non en la recevant sous la forme de dividendes de salut. La comptabilité des indulgences est incompatible avec la dynamique de l'indulgence.

d) Y a-t-il un « trésor de l'Église » ?

Luther l'a bien vu dans ses thèses de 1517: les options fondamentales se décident dans la compréhension du « trésor de l'Église ». Il ne conteste pas l'idée même d'un trésor dans lequel l'Église puise ses ressources, mais il le définit de manière nouvelle. La tradition catholique en a fait une réserve de mérites du Christ, des saintes et des saints, appelés à compenser dans la balance divine les remises de peines qu'opèrent les indulgences.

A cela, Luther oppose en toute clarté que « le vrai trésor de l'Église, c'est le sacro-saint Évangile de la gloire et de la grâce de Dieu » (th. 62). L'Évangile comme seul trésor de l'Église, qu'est-ce à dire ? L'indulgence ne se transmet qu'à travers la proclamation de cet Évangile, proclamation sans cesse reprise, comme une activité de communication créative, renouvelée et renouvelante. Autrement dit : le seul trésor de l'Église, c'est une réserve inépuisable de paroles qui libèrent, de paroles qui font vivre, parce qu'elles touchent l'être humain au cœur de sa vie. Mais elles n'auront cet effet vivifiant que si l'Église prend soin de les garder vivantes, une exigence qui vaut tout autant pour les Églises protestantes que pour l'Église catholique.

e) Qu'en est-il alors de la communion des saints ?

Comme nous l'avons vu plus haut, la bulle papale insiste beaucoup sur l'aspect communautaire de la pratique des indulgences : entre les fidèles s'instaure un « merveilleux échange de biens spirituels » dans lequel la sainteté des uns compense le dommage causé par le péché des autres (p. 33). Pour le protestant que je suis, la notion de « merveilleux échange » évoque celle de « joyeux échange » qui réapparaît souvent chez Luther, notamment dans son traité *De la liberté du chrétien*[26]. La différence saute aux yeux : le joyeux échange s'opère entre le Christ et le croyant. Le Christ prend en charge le péché du croyant et celui-ci reçoit en retour la justice du Christ.

Dans la perspective de la bulle, par contre, l'échange se diversifie et se généralise : parce que le Christ veut « nous impliquer dans son action salvifique », « tout vient du Christ, mais parce que nous lui appartenons, tout ce qui est nôtre est aussi à Lui et acquiert une force qui guérit » (p. 34). Autrement dit : le salut s'opère dans la communion spirituelle des saints et nous contribuons activement au salut avec le Christ. Et pour lever tous les doutes, la bulle ajoute : « C'est ce qu'il faut comprendre quand on parle de 'trésor de l'Eglise' que constituent les bonnes œuvres des saints. » (p. 34).

Cette compréhension de la communion des saints ne peut que susciter une protestation véhémente du point de vue protestant, car si les bonnes œuvres des saints prennent ainsi valeur salvifique, la communion des saints ne *reçoit* plus le salut, mais le *produit*.

Mais que dit le protestant quand, avec le Symbole des apôtres, il confesse sa foi en la communion des saints? Conformément à ce qui vient d'être dit du trésor de l'Église, la communion des saints n'est pas *production* active, mais *transmission* active du salut, au sens d'un « merveilleux échange » de paroles qui libèrent. Plus concrètement, cela peut se traduire par deux formes de communication notamment:

- l'édification mutuelle des croyants, en ce sens qu'ils s'exhortent l'un l'autre à la foi en la grâce divine telle qu'elle s'est manifestée dans l'indulgence du Christ;
- l'intercession réciproque, qui consiste à prier les uns pour les autres, non pas au sens d'une œuvre que je fais pour l'autre et pour son salut (par exemple par une messe de commémoration), mais comme la possibilité de confier, de remettre l'autre à la grâce de Dieu.

f) Qu'advient-il des défunts ?

Ce que nous venons de souligner pour la communion des saints a une répercussion directe sur notre rapport aux défunts. La pratique des indulgences suggère l'idée de devoir faire quelque chose pour eux, en leur procurant « par suffrage », selon la formule consacrée, certaines indulgences réduisant leurs peines. Mais cela présuppose que le système pénitentiel de l'Église étend son pouvoir de lier et de délier jusque dans l'au-delà, en tout cas jusqu'au purgatoire. Dans ses thèses, Luther a été très clair sur ce point : « Les mourants s'acquittent de tout par la mort et ils sont déjà morts aux lois des canons, en étant à bon droit affranchis. » (th. 13)

Cela signifie pour nous qu'il ne nous revient pas de nous soucier de ce qu'il advient des défunts. Comme ils échappent à l'Église par leur mort, ils échappent aussi, que nous le voulions ou non, à notre emprise. Fondamentalement, nous ne pouvons rien pour eux, limite douloureuse peut-être, mais libératrice aussi.

Autrement dit, ce que le vieux Siméon dit de lui-même en Luc 2, 29, nous pouvons aussi l'appliquer aux défunts : nous n'avons pas à nous soucier de ce qu'il advient d'eux, nous pouvons « les laisser aller en paix », en les confiant à Dieu, en les remettant à sa sollicitude. Pour le dire avec un jeu de mots : il n'en va pas de la remise des peines des défunts, mais bien de la remise des défunts à Dieu. C'est ce que nous sommes appelés à apprendre dans l'intercession pour eux, et c'est ce que nous exprimons en disant « Paix à son âme ».

Mais s'ils sont encore en train d'attendre au purgatoire, en comptant sur notre soutien actif ? Je réponds que la représentation du purgatoire me paraît être un résidu de la mythologie religieuse, comme toute la topographie de l'au-delà, avec le ciel et l'enfer. La tradition en a eu besoin pour avoir une sorte de paysage de l'au-delà, justifiant la comptabilité du salut.

J'oppose à cette mythologie une espérance nue, avouant sans ambages toute son ignorance au sujet de l'au-delà, se contentant de dire sa conviction essentielle comme une espérance contre toute espérance : que la mort n'a pas le dernier mot, qu'elle ne nous coupe pas de Dieu, que celui-ci est au-delà de ce « dernier ennemi » (1 Corinthiens 15, 26). Pour le dire avec l'épître aux Romains : « En effet, aucun de nous ne vit pour soi-même et aucun de nous ne meurt pour soi-même. Car, si nous vivons, nous vivons pour le Seigneur, si nous mourons, nous mourons pour le Seigneur. Soit que nous vivions, soit que nous mourions, nous sommes au Seigneur.» (14, 7-8)

Avons-nous besoin d'autre chose ?

g) Le processus de la conversion : activité ou passivité ?

A juste titre, nous l'avons vu, la bulle papale propose de considérer la pénitence comme un processus existentiel de conversion, de renouvellement : « un réel changement de vie, [...] un renouvellement de sa propre existence » (p. 32). Mais ce qui est étonnant, c'est que ce processus soit d'emblée conçu dans une perspective active : en effet, il consiste pour l'essentiel en l'accomplissement de certaines œuvres, et c'est cet accomplissement qui aura un effet de purification sur celle ou celui qui les accomplit. Au terme de la bulle, les « Dispositions » de la Pénitencerie ne laissent planer aucun doute en établissant la liste des « œuvres à accomplir » pour « obtenir l'indulgence du Jubilé » (p. 48).

A cet accent sur l'activité, j'aimerais opposer qu'un processus de conversion n'est véritablement renouvellement existentiel que s'il est d'abord et fondamentalement conçu comme passivité, réceptivité. J'aimerais tenter d'expliciter cela dans un langage plus imagé.

Si l'indulgence de Dieu est lumière, le processus de conversion consiste à me laisser éclairer par cette lumière. Les ténèbres ne produisent pas leur propre lumière, quand bien même elles s'y efforceraient sans fin. Elles ne peuvent que rejeter la lumière qui brille en elles (Jean 1, 5). Ou l'accueillir, se laisser illuminer, encore et encore, sans jamais cesser d'être ténèbres, mais en devenant ténèbres éclairées.

Si la parole de la grâce de Dieu est pluie (cf. Esaïe 55, 10), la terre desséchée ne peut que se laisser imprégner, abreuver par la pluie bienfaisante. La terre ne produit pas son propre arrosage et ne peut pas même s'y préparer. Elle ne peut que se laisser fructifier, redevenant sous l'effet de la pluie une vraie terre, un sol fertile.

Ainsi, le processus de la conversion, c'est le travail de la grâce en nous, qui éclaire nos recoins, qui descend en nous. Ou pour le dire dans les termes du Jubilé de l'an 2000 : le processus de la conversion, c'est un peu comme le pèlerinage de la grâce en nous.

h) Les œuvres passent-elles à la trappe ?

L'accent mis sur la réceptivité appelle l'objection suivante : les œuvres n'ont-elles alors plus aucune importance ? Comme il en a déjà été question plus haut, la réponse peut être brève. Mais elle doit être nuancée.

Du point de vue du processus existentiel de la conversion, les œuvres n'ont aucune importance, parce qu'il en va de la concrétisation quotidienne de la justification par la foi. Or, conformément à l'apôtre Paul, cette justification s'accomplit par la foi seule, « sans les œuvres de la loi » (Romains 3, 28).

Pourtant, le fait même qu'elles n'aient pas d'importance sous cet angle ne les fait pas passer à la trappe, mais leur redonne bien au contraire toute leur valeur d'œuvres, sous l'angle de l'exigence de la loi. En effet, aussi longtemps que les œuvres doivent contribuer à réaliser la justice de celui qui les accomplit, à lui faire obtenir quelque chose, elles sont radicalement perverties. Elles ne deviennent bonnes que si elles peuvent se faire de manière désintéressée, parce qu'elles s'imposent spontanément pour le bien des humains et du monde, et non pour le salut de celui qui les accomplit. C'est bien là l'effet de la justification par la foi seule : les œuvres sont libérées du poids de l'attente de salut qu'on leur associait, libérées de leur fonction d'Évangile, pour être rendues à leur véritable tâche, celle d'être œuvres d'amour qui accomplissent la loi.

Ainsi, une ambiguïté existentiellement malsaine s'installe lorsque je fais des œuvres le lieu de la réalisation, de la confirmation, de la vérification de la foi. C'est ce qu'a fait la tradition catholique en traduisant « la foi agissant par l'amour » de Galates 5,6 par « la foi formée par l'amour »[27]. Mais cela s'opère parfois aussi en registre protestant, notamment calviniste, quand l'accomplissement des bonnes œuvres devient attestation de la sanctification du croyant. Cela peut évidemment se faire, mais on n'oubliera pas que placées sous le signe de cette contrainte, les œuvres cessent d'emblée d'être bonnes !

Pour le dire dans les termes du paragraphe précédent : le croyant ne s'attribue pas à lui-même l'accomplissement de ses œuvres ; il reçoit par la grâce divine de les faire. Extérieurement, tout se passe comme s'il accomplissait ses œuvres, mais dans son jugement intérieur, elles sont agies en lui par Dieu. Ce qui, bien sûr, ne l'empêche pas de travailler, conformément à la formule paradoxale de l'apôtre Paul : « [...] avec crainte et tremblement mettez en œuvre votre salut, car c'est Dieu qui fait en vous et le vouloir et le faire selon son dessein bienveillant » (Philippiens 2, 12s).

i) La confession et le pardon du péché : un enjeu liturgique

Il est incontestable que, par le biais du sacrement de la pénitence ou, comme on dit aujourd'hui, du sacrement de la réconciliation, l'Église catholique s'est dotée d'une structure institutionnelle qui lui permet la prise en compte des problèmes de la culpabilité et l'accompagnement des processus de pardon et de réparation. Nous en avons découvert les limites et les difficultés, mais il n'en reste pas moins que la structure en tant que telle interpelle les Églises protestantes. Quels moyens ces dernières se donnent-elles pour traiter les problèmes de la culpabilité, du pardon et de la réparation ?

Après l'avoir maintenu un certain temps, Luther a renoncé au sacrement de la pénitence. De même, la pratique de la confession et de l'absolution individuelles a été abandonnée. Reste alors, dans le cadre du culte, la célébration communautaire de la confession et du pardon du péché.

Il y a là un véritable enjeu liturgique. En effet, si nous voulons, pour l'an 2000, réaffirmer la justification du pécheur, nous devons nous demander à nouveaux frais comment nous voulons rendre justice à cet accent du point de vue liturgique. Dans de nombreuses Églises, la liturgie de la confession et du pardon du péché est tombée en désuétude. Ailleurs, elle s'est excessivement ritualisée, étouffant l'idée sous les formules figées. Ailleurs, elle demeure fortement « moralisée » : dans l'usage traditionnel, elle est encore et toujours confession et pardon *des péchés* et non *du péché*.

Il faut aujourd'hui inventer de nouvelles formes liturgiques pour qu'à travers cet acte liturgique puisse se dire à nouveau la prise en compte du péché comme attitude existentielle fondamentale de l'être humain. Cette prise en compte du vrai péché est notre seule chance d'opposer à la prédication des indulgences la prédication de la grâce.

Pour le dire avec une lettre de Luther à son collègue et ami Melanchthon :

« Si tu es un prédicateur de la grâce, ne prêche pas la grâce fictive, mais la vraie : si la grâce est vraie, porte le vrai péché et non le fictif. Dieu ne sauve pas les pécheurs fictifs. Sois pécheur et pèche courageusement, mais plus courageusement encore, crois et réjouis-toi en le Christ, qui est vainqueur du péché, de la mort et du monde. »[28]

Pour le dire de manière un peu provocatrice : le troisième millénaire aura besoin de vrais pécheurs, de pécheurs courageux, mais la pratique des indulgences du Vatican ne produit que des pécheurs fictifs. Toutefois, ne le cachons pas : il est des cultes protestants où il n'y a même pas de pécheurs fictifs, où il n'y a plus de pécheurs du tout !

Conclusion

Comme nous l'avons vu au fil des pages, malgré tous les efforts du Vatican pour en dégager la dimension spirituelle, la pratique des indulgences suscite un esprit comptable, axé sur la rentabilité des œuvres, valorisant les mérites et autorisant par là même un marchandage de la rémission pour soi-même et pour les défunts. Ainsi se vérifie peut-être ce que Monseigneur Rezza formulait sans ambages en disant que cette pratique correspondait profondément à la mentalité contemporaine ! Pourtant vieille de plusieurs siècles, elle s'adapterait donc assez bien au néolibéralisme ambiant !

Sur ce point précisément, les Églises chrétiennes auraient, me semble-t-il, bien autre chose à dire : la gratuité de la grâce divine, la foi comme relation de confiance, la dynamique du don, la spontanéité d'une œuvre désintéressée. C'est pourquoi je propose, pour l'an 2000, *un Jubilé de la justification par la foi*. Mais évidemment, il est plus difficile à faire passer, car il n'a jamais correspondu à la mentalité des humains, ni hier, ni aujourd'hui, ni demain ! Il est appelé à rester, conformément à la parole de la croix de l'apôtre Paul, scandale et folie pour la puissance et la sagesse des hommes :

« [...] ce qui est folie dans le monde, Dieu l'a choisi pour confondre les sages ; ce qui est faible dans le monde, Dieu l'a choisi pour confondre ce qui est fort ; ce qui dans le monde est vil et méprisé, ce qui n'est rien, Dieu l'a choisi pour réduire à rien ce qui est » (1 Corinthiens 1, 27s).

ANNEXE
Extraits de la correspondance de la Pénitencerie apostolique

Remarque préliminaire

Un ami qui est revenu récemment d'un voyage à Rome m'a transmis les quelques lettres qui suivent. Ils les a trouvées un matin tôt dans la basilique Saint-Pierre. Il suppose qu'un fonctionnaire de la Pénitencerie apostolique responsable de la correspondance francophone doit les avoir oubliées là. Comme elles marquent bien les enjeux concrets de notre sujet, je les publie, en protégeant bien sûr l'anonymat des personnes qui s'expriment ici.

Monseigneur le Grand Pénitencier,

Après avoir lu la Bulle d'indiction du Jubilé de l'an 2000, mon frère et moi avons décidé de célébrer l'an 2000 en nous inspirant du quatrième point des « Dispositions pour l'obtention de l'indulgence du Jubilé ». Depuis deux semaines, nous consacrons nos soirées libres à la visite de prisonniers dans un grand pénitencier du quartier. Mais il s'est avéré que chacun de nous adoptait une pratique différente : mon frère passe souvent tout le temps de sa visite avec un seul prisonnier, tandis que je fais des visites plus brèves, ce qui me permet d'en voir plusieurs la même soirée. Il en a résulté un débat entre nous : mon frère estime que ma manière de faire ne satisfait pas aux conditions pour l'obtention de l'indulgence, le temps que je consacre à chaque prisonnier n'étant pas « convenable » selon lui. Je vous prie donc de nous aider, Monseigneur : que faut-il entendre par « rendre visite pendant un temps convenable » dans vos « Dispositions » ? Cela s'approche-t-il selon vous plutôt de vingt minutes ou plutôt de deux heures ?

Vous remerciant d'avance, je vous prie d'agréer mes salutations respectueuses, ainsi que celles de mon frère P.

J. S., Paris 13e

* * *

Monseigneur le Grand Pénitencier,

J'ai tout de suite vu dans la bulle papale « Incarnationis Mysterium » la possibilité non seulement de célébrer dignement le deuxième millénaire de la naissance de Jésus, mais aussi très personnellement de relancer activement mon processus de conversion. Ainsi, j'ai profité des vacances de fin d'année pour passer une dizaine de jours à Rome, en me conformant à toutes les règles du point 1 des « Dispositions pour l'obtention de l'indulgence du Jubilé ». J'ai décidé d'en faire de même à Pâques, en faisant un pèlerinage conforme en Terre Sainte. Entre-temps, je visite régulièrement l'église cathédrale de notre circonscription et m'engage dans différents programmes caritatifs, conformément aux points 3 et 4 des « Dispositions ». Depuis Noël, je m'abstiens de toutes choses superflues et accomplis chaque jour un sacrifice personnel.

Mais je sens monter en moi une tension de plus en plus forte, car j'ai l'impression que je ne parviendrai jamais à en faire assez pour accomplir véritablement ce que la bulle appelle « un réel changement de vie, une élimination progressive du mal intérieur, un renouvellement de sa propre existence » (p. 32). J'accomplis mes œuvres, avec un zèle irréprochable, mais sans cesse les scrupules renaissent, insinuant que je n'y parviendrai jamais. J'en arrive parfois à maudire cette possibilité des indulgences, car au lieu de renouveler ma vie, elles m'entraînent dans une spirale sans fin. Plus j'en fais, et plus je dois en faire, encore et encore. Comment m'en sortir ? Pourriez-vous m'aider ? Ai-je compris quelque chose de travers ?

M. P., Fribourg

* * *

Monseigneur le Grand Pénitencier,

Je suis une libraire engagée dans l'Église catholique, et je prends un soin tout particulier de mon rayon de littérature religieuse. J'ai lu avec beaucoup de passion et d'intérêt la « Déclaration commune à propos de la doctrine de la justification » dès qu'elle est parvenue dans ma librairie. Je trouve qu'il s'agit là d'une étape essentielle dans le dialogue œcuménique. Forte de cette conviction, je me suis efforcée, en dehors des heures d'ouverture, de faire de la propagande pour ce texte. J'en ai même acheté tout un stock pour l'offrir à différentes personnes susceptibles de s'y intéresser. J'ai ainsi réussi à en diffuser au moins 100 exemplaire dans notre petite ville, parmi catholiques et luthériens. D'où ma question : pouvez-vous me reconnaître cet effort personnel en faveur de la « Déclaration commune » comme une œuvre accomplie pour l'obtention de l'indulgence du Jubilé ? Cela me paraîtrait conforme au point 4 des « Dispositions » à cet égard, qui promet l'indulgence à ceux qui s'engagent à « consacrer une partie convenable de leur temps libre à des activités qui ont un intérêt pour la communauté, ou d'autres formes semblables de sacrifice personnel ». Vous remerciant d'avance de votre réponse, je vous prie d'agréer, Monseigneur, mes messages cordiaux.

J. N., libraire, Colmar

* * *

Monseigneur le Grand Pénitencier,

Nous sommes deux sœurs très dévouées à la cause de l'Église. Certains nous appelleraient peut-être, à la manière de Jacques Brel, des bigotes. Mais cela nous est bien égal. Nous avons toujours œuvrer avec beaucoup de dévotion pour le bien. Nous avons tout de suite vu les « Dispositions pour obtenir l'indulgence du Jubilé » comme une motivation nouvelle de notre engagement. Mais en discutant ensemble de ce que nous pourrions faire concrètement, nous avons découvert que nous pensions chacune différemment. Très spontanément, je me suis intéressée surtout au point 4, proposant toutes sortes d'actions pratiques, tandis que ma sœur se tournait plutôt du côté des œuvres religieuses et méditatives des premiers points, projetant éventuellement un pèlerinage à Rome. En approfondissant cette divergence, une question s'est alors imposée à nous : y a-t-il une hiérarchie dans votre énumération des œuvres à accomplir ? S'il fallait choisir, vaut-il mieux selon vous visiter une basilique patriarcale à Rome ou visiter des malades, des prisonniers et des handicapés ? Nous avons l'impression qu'il y a comme un ordre de préférence dans votre liste, mais en même temps : une œuvre faite avec autant de sincérité qu'une autre peut-elle être de moindre qualité pour des raisons somme toute extérieures ? Pouvez-vous nous éclairer sur ce point, afin que notre service soit conforme à la volonté de notre Seigneur ?

Marthe et Marie L., Bienne

Monseigneur,

Récemment, mes amis et moi, autour de la table de bistrot, avons eu une conversation concernant la bulle papale du Jubilé. Cela vous paraîtra étonnant, et je vous comprends ! Nous étions en train de boire notre Kanter et de fumer notre clope, après une journée de travail bien remplie, lorsque le curé du quartier s'est approché. Comme nous le connaissons bien, nous l'avons accueilli dans notre cercle, et il nous a parlé de la possibilité d'obtenir une indulgence en nous abstenant pendant une journée de tabac et de boissons alcoolisées et en donnant aux pauvres une somme proportionnelle (point 4 des « Dispositions » en annexe de la bulle, d'après lui). Une discussion vive s'en est suivie entre nous, concernant la question de savoir à combien nous reviendrait une telle journée et donc ce que nous coûterait une telle indulgence (excusez-nous de dire les choses aussi brutalement, mais il faut être réaliste). Évaluer la somme que nous pourrions ainsi économiser n'était pas trop difficile. Mais que voulait dire « donner une somme proportionnelle aux pauvres » ? Pour les uns, il s'agissait de l'entier de la somme économisée ; d'autres estimaient qu'il s'agissait d'une certaine proportion de la somme en question, mais sans trop savoir si c'était la moitié, le quart, ou peut-être même le dixième, comme la dôme dans la Bible. Même notre curé, que nous aimons bien, ne savait trop que dire. Finalement, après quelques bières, j'ai été solennellement chargé de vous écrire (« T'es le seul à savoir écrire une lettre ! »). J'espère que vous ne prendrez pas cette demande pour une stupide plaisanterie. Aussi bizarre qu'elle puisse paraître, elle est pourtant sérieuse : comment la Pénitencerie calcule-t-elle la « somme proportionnelle » à donner aux pauvres ?

V. D. et tous ses potes, Lyon

* * *

Monseigneur le Grand Pénitencier,

Je suis chômeur depuis trois ans, et je souffre beaucoup de cette situation, ce que vous comprendrez sans doute. Je n'ai jamais eu beaucoup d'intérêt pour la religion, mais ces dernières années, il m'arrivait tout de même de me poser certaines questions. Lorsqu'un ami engagé dans l'Église m'a transmis la bulle papale et m'a parlé des indulgences du Jubilé de l'an 2000, j'y ai vu la possibilité de renouer peut-être avec mon enfance religieuse. N'ayant pas les moyens de voyager à Rome ou en Terre Sainte, j'ai décidé de me recueillir dans une église cathédrale de la ville, pour méditer chaque jour pendant une heure (s'agit-il là de ce que vous appelez « un temps convenable » ?). Cette méditation quotidienne m'a fait le plus grand bien : j'y ai trouvé la certitude que l'échec social de mon chômage ne m'anéantissait pas devant Dieu, que celui-ci m'acceptait et m'aimait aussi sans emploi.

En relisant les « Dispositions » en annexe de la bulle, je réalise aujourd'hui, que tout à ma méditation, j'ai oublié de la clore régulièrement avec le Notre Père, une profession de foi et l'invocation de la Vierge Marie. Est-ce grave ? Le prêtre de l'église, auquel j'en ai parlé, estime que l'obtention de l'indulgence est sérieusement compromise par cet oubli. Finalement, cela m'est assez égal, car le ressourcement que j'ai trouvé dans ma méditation m'est déjà comme une indulgence plénière. Ai-je tort de penser ainsi ?

T. P., Bruxelles

* * *

Très Honorable Monseigneur le Grand Pénitencier,
Père Vénéré en Jésus Christ notre Seigneur,

Permettez-moi de me présenter : je suis H. N'G., du Congo. La petite brochure contenant la bulle papale et les dispositions pour obtenir l'indulgence du Jubilé a été largement diffusée au Congo, et c'est avec beaucoup d'intérêt que je l'ai lue. Je me suis intéressé à l'indulgence lorsque j'ai vu qu'elle pouvait aussi valoir pour les défunts (vous savez combien pour nous Africains les ancêtres sont importants). J'ai donc commencé à collecter de l'argent par tous les moyens, pour venir en pèlerinage à Rome. Il me semblait que les ancêtres méritaient la meilleure des indulgences, et il fallait donc venir l'acquérir à Rome ! Après beaucoup d'efforts, j'ai pu me procurer un billet me permettant d'arriver à Rome pour la période de Noël et de Nouvel-An. Pendant deux semaines, j'ai pu accomplir sans répit toutes les œuvres nécessaires à l'obtention quotidienne de l'indulgence plénière.

Mais il faudrait maintenant que je puisse retourner chez moi, où les miens m'attendent avec impatience et où les ancêtres attendent les indulgences que j'ai acquises pour eux. Mais je dois vous avouer que je n'ai plus un sou. Je suis actuellement hébergé à l'Armée du Salut. Pouvez-vous venir en aide à un pauvre frère dans la foi ? Y a-t-il au Vatican un fonds pour des cas de détresse ? Je vous signale, Très Honoré Grand Pénitencier, que nombreux sont les fidèles des pays pauvres venus à Rome pour l'indulgence du Jubilé et qui se retrouvent sans le sou. La Pénitencerie apostolique a-t-elle prévu des remèdes ?

Je vous remercie d'avance de la bienveillance dont vous userez à mon égard, Très Vénéré Père, dans la foi qui nous est commune.

H. N'G., Armée du Salut, Rome

* * *

Monseigneur le Grand Pénitencier,

Après avoir lu les « Dispositions » en annexe à la bulle papale d'indiction du Grand Jubilé, nous avons décidé d'aller régulièrement en famille dans l'église de notre quartier, pour y assister aux célébrations liturgiques ou pour nous y adonner à une méditation. Nous nous sommes conformés aux règles du point 3, suivant les messes avec dévotion et terminant à chaque fois notre méditation par un Notre Père, une profession de foi et une invocation de la Vierge Marie.

Il s'avère aujourd'hui que nous n'avons pas lu assez précisément les « Dispositions », car après avoir accompli pendant trois semaines de tels exercices de piété, nous avons appris avec stupeur que notre église n'est ni une église cathédrale, ni un sanctuaire désigné par l'Ordinaire, et que donc l'obtention de l'indulgence est compromise parce que nous nous sommes trompés de lieu ! Les règles de lieu sont-elles vraiment aussi restrictives ou pouvez-vous reconnaître nos œuvres de piété indépendamment de l'Ordinaire ? Il n'y a eu aucune mauvaise volonté de notre part, mais pure et simple ignorance. Veuillez agréer, Monseigneur, nos sentiments dévoués.

Famille M., Toulon

* * *

Monseigneur le Grand Pénitencier,

Je me permets de m'adresser à vous parce que la bulle papale « Incarnationis Mysterium » a suscité en moi une crise que je ne parviens pas à résoudre. Il y a quatre ans, j'ai perdu mon mari. Il est décédé dans un accident de voiture, à l'âge de 38 ans, et cet accident fut une terrible déchirure dans ma vie. Heureusement, j'ai pu être accompagnée dans mon « travail de deuil » par l'abbé de notre paroisse. C'est grâce à lui que j'ai pu apprendre ce que pouvait signifier concrètement ne pas vouloir retenir celui que j'aimais, mais le laisser aller en paix, selon la formule du vieux Siméon dans l'Évangile. Pour le dire autrement : remettre le défunt entre les mains de Dieu, le Lui confier.

La possibilité d'obtenir une indulgence pour un défunt telle qu'elle est envisagée dans la bulle papale m'a soudain fait reconsidérer la chose sous un autre angle. Mon mari aurait-il encore besoin de moi et de mon aide ? Se pourrait-il qu'il ne soit pas suffisant de le confier à Dieu ? Se pourrait-il qu'il ne soit pas encore en paix et que je doive faire quelque chose pour lui ? Mais combien devrai-je faire pour que les choses s'apaisent pour lui ? Ces questions viennent soudain troubler la confiance durement acquise durant mon deuil. Comme notre abbé n'est plus là, je m'adresse à vous, car je ne sais plus où j'en suis.

En espérant que vous pourrez m'éclairer, je vous remercie d'avance de votre dévouement.

B. M., Genève

* * *

Monseigneur le Grand Pénitencier,

Je me présente : je suis le quatrième roi. Vous connaissez sans doute mon histoire, mais vous ne saviez peut-être pas qu'elle continue toujours. J'avais, comme les trois autres rois ou mages d'Orient, vu l'étoile au firmament, j'étais parti comme eux pour adorer l'enfant de Bethléem. Mais je ne suis jamais arrivé à Bethléem, car, voyant sur ma route le mal et la détresse des humains, je me suis arrêté partout pour aider, panser les plaies, consoler et soutenir les désespérés. C'est pourquoi je suis encore en route. Je travaille actuellement comme bénévole temporaire dans un resto du cœur à Lille (les gens m'appellent « le roi du cœur »).

C'est là d'ailleurs que j'ai reçu la bulle papale du Jubilé de l'an 2000 et j'apprends ainsi qu'il y a 2000 ans que j'erre dans le monde, œuvrant sans cesse pour le bien des humains. Je devais avoir perdu la notion du temps et je me sens tout à coup très vieilli. A vrai dire, après tout ce que j'ai vécu, je n'éprouve pas le besoin d'obtenir des indulgences. Par contre, j'ai vu que pour les indulgences que vous distribuez à l'occasion du Jubilé, vous puisez dans le trésor des mérites du Christ, des saints et des saintes de tous les temps. Je me suis dit que je pourrais vous léguer toutes mes œuvres pour renflouer votre trésor, qui sera bien sollicité durant cette année. Je n'ai jamais été déclaré saint et je ne sais trop ce qu'est un mérite, mais si vous estimez que les œuvres de mes 2000 ans d'activité auprès des souffrants pourraient vous intéresser, je vous rendrais volontiers ce service avant de mourir. Veuillez me dire ce que vous en pensez et, le cas échéant, indiquez-moi la procédure à suivre, car je ne sais rien sur le fonctionnement de votre trésor de mérites.

Le « roi du cœur », Lille

* * *

Monseigneur le Grand Pénitencier,

C'est en décembre 1999 que nous avons été rendus attentifs, ma femme et moi, aux « Dispositions pour l'obtention de l'indulgence du Jubilé ». Nous avons immédiatement décidé de nous engager activement dans des œuvres caritatives. Une première occasion nous fut donnée à la veille de Noël par la participation active comme bénévoles à la fête « Noël autrement », qui consiste à accueillir et à entourer tous les gens isolés, étrangers, sans famille, pour les journées de Noël. Nous y avons travaillé sans répit toute la journée du

24 décembre. Lorsque nous avons voulu faire valoir ce travail pour l'obtention de l'indulgence plénière, on nous a dit que nous avions malheureusement commencé trop tôt : conformément à la bulle papale, le Grand Jubilé de l'an 2000 ne commence que dans la nuit de Noël 1999 ! Et effectivement, des amis qui ont fait le même travail que nous le lendemain à « Noël autrement » ont reçu leur indulgence sans aucune difficulté. N'est-ce pas un peu bizarre ? Avez-vous prévu ce genre de difficultés ? Nous vous saurions gré de nous dire s'il y a des règles d'exception pour des actions caritatives qui ne respectent pas le calendrier exact de l'année de Jubilé.

N. et J. T., Neuchâtel

* * *

Monseigneur le Grand Pénitencier,

Je suis luthérien, et vous serez probablement étonné que je m'adresse à vous. Mais cela arrivera peut-être de plus en plus souvent, puisqu'une « Déclaration commune » vient d'être signée par nos Églises à Augsbourg (en avez-vous déjà entendu parler à la Pénitencerie apostolique ?). C'est d'ailleurs à ce sujet que je vous écris. Estimez-vous que le récent accord sur les vérités essentielles de la doctrine de la justification, ou en tout cas sur certaines de ces vérités (le document n'est pas très clair sur ce point), permet à un luthérien d'obtenir l'indulgence plénière du Jubilé ? Il n'en va bien sûr pas de moi-même : cela consisterait à utiliser des œuvres pour son propre salut. Mais il en va de mes parents : paix à leurs âmes, mais ils ont vécu une vie très dissolue, et en fils dévoué, j'ai toujours l'impression de devoir faire quelque chose pour eux. C'est pourquoi j'aimerais vous demander de me dire si oui ou non je pourrais obtenir l'indulgence du Jubilé pour mes parents : depuis Noël, j'ai travaillé dans tous mes temps libres à la Mission populaire de Montbéliard. La « Déclaration commune » me semble permettre une telle reconnaissance, ou est-ce que je me trompe ?

Vous remerciant d'avance de votre aide, je vous prie d'agréer mes salutations respectueuses.

L. A., Montbéliard

* * *

Monseigneur le Grand Pénitencier,

Je vous écris pour vous parler d'une crise spirituelle que je suis en train de traverser. Depuis que j'ai pris ma retraite en tant qu'institutrice, il y a trois ans, j'ai travaillé comme bénévole dans une organisation qui s'occupe des personnes ââgées isolées dans la région (visites régulières, service de taxi, repas livrés à domicile, etc.).

En lisant récemment les « Dispositions pour l'obtention de l'indulgence du Jubilé », j'ai soudain réalisé que mon travail bénévole correspondait parfaitement aux exigences du point 4. Sans vouloir accuser la bulle papale, je dirais tout de même que c'est là que mon problème a commencé. Auparavant, je faisais mon travail de manière spontanée et désintéressée ; j'avais du temps à mettre à disposition, et je le donnais volontiers à ces personnes solitaires. Maintenant, je me surprends toujours à me dire : « Ce que tu fais pourrait te valoir une indulgence plénière ». J'ai ainsi totalement perdu ma belle spontanéité d'antan. La perspective d'un intérêt personnel s'y est glissé, et cela me mine, car j'ai l'intime conviction que mon action n'est bonne que si elle n'est pas pour mon salut, mais pour le bien d'autrui.

Monseigneur le Grand Pénitencier, aidez-moi ! Dites-moi comment je peux retrouver la spontanéité naturelle dans mon activité bénévole ? Aurais-je mal compris vos « Dispositions » ?

L. N., Lausanne

ÉPILOGUE

Une lettre de Luther

A un pasteur qui s'inquiétait de certaines cérémonies liturgiques (processions au cimetière, port de vêtements liturgiques, etc.) que le Prince-Electeur de Brandebourg, le Margrave Joachim II, avaient maintenues, Luther a répondu dans une lettre pleine d'humour inspiré de la Bible :

« [...] processionnez donc, au nom de Dieu, et portez une croix d'argent ou d'or et une chape de velours, de soie ou de lin. Et s'il ne suffit pas à votre seigneur, le Prince-Electeur, que vous portiez une chape, revêtez-en trois, de même qu'Aaron, le grand-prêtre, revêtit trois robes superposées [...]. Et si une seule procession ne suffit pas à Sa Grâce Électorale, s'il ne lui suffit pas que vous fassiez une fois en chantant le tour du cimetière, faites-en sept fois le tour, de même que Josué et les enfants d'Israël firent sept fois le tour de Jéricho en poussant des cris de guerre et en soufflant dans les trompettes. Et si cela fait plaisir à votre Seigneur le Margrave, que Sa Grâce Électorale saute et danse devant la procession au son des harpes, des timbales et des clochettes, comme le fit David devant l'arche de l'Éternel, lorsqu'elle fut amenée à Jérusalem. Je ne vois à cela aucun inconvénient : car de telles choses, pourvu qu'elles ne soient pas entachées d'abus, ne donnent ou n'enlèvent absolument rien à l'Évangile. Mais qu'on n'en fasse pas une nécessité pour le salut, et qu'on ne lie pas la conscience avec cela. Et si je pouvais obtenir un pareil résultat avec le Pape et les papistes, combien je remercierais Dieu, et combien je serais joyeux ! Et si le Pape me laissait toute liberté d'agir et de prêcher ainsi, en m'ordonnant – avec votre permission – de me ceindre d'une culotte, je porterais volontiers la culotte pour lui faire plaisir. »[29]

Notes

1. On peut lire le texte de la bulle en version française dans : JEAN-PAUL II, *A tous les fidèles en marche vers le troisième millénaire. « Incarnationis mysterium ». Bulle d'indiction du Grand Jubilé de l'an 2000*, Paris, Bayard-Centurion/Fleurus-Mame/Cerf, 1998.
2. Il s'agit de l'*Enchiridion indulgentiarum*, dont la dernière édition est de 1968 (sous le pontificat de Paul VI ; cf. *Manuel des indulgences. Normes et concessions*, Paris, Ed. P. Lethielleux, 1968). La nouvelle édition, qui n'est pas encore disponible, sera la quatrième. Une traduction en langue française est prévue, mais sans indication de date.
3. Pour le texte de cet accord, cf. *La doctrine de la justification. Déclaration commune de la Fédération Luthérienne Mondiale et de l'Église Catholique Romaine.* Préface par Mgr Joseph Doré et Marc Lienhard. Introduction et présentation par M. Deneken, J. Hoffmann, E. Parmentier et P. Prigent, Paris, Bayard-Centurion/Fleurus-Mame/Cerf/Labor et Fides, 1999.
4. Dans le livre qui vient d'être publié (cf. note 3), une petite équipe théologique de Strasbourg a déjà fait tout un travail de ce type : le dossier de présentation qu'elle a élaboré (cf. pp. 15-58) s'attache de manière exemplaire à un tel travail de concrétisation et de traduction de la justification dans le contexte actuel.

5. Je cite en traduisant librement le texte italien de son exposé (une version « fax », à prendre avec réserve).
6. Pour la réglementation actuelle, on lira les §§ 8-16 dans les « Normes sur les indulgences » du *Manuel des indulgences*, Paris, 1968, p. 14s.
7. Cf. les références ci-dessus, note 2. *La Constitution apostolique* se trouve aux pp. 65-91.
8. Il s'agit d'une citation du *Catéchisme de l'Église catholique*, Paris, Mame-Plon, 1992, § 1472. L'exposé de la bulle s'inspire largement de la doctrine des indulgences du *Catéchisme* (§§ 1471-1479), même lorsqu'elle ne le cite pas directement. Il est frappant d'y retrouver, souvent tels quels, des développements du *Catéchisme*.
9. Cf. la réserve déjà exprimée ci-dessus, dans ma note 5.
10. JEAN-PAUL II, *A tous les fidèles en marche vers le troisième millénaire* (cf. ci-dessus note 1), pp. 48-50.
11. Les thèses sont citées selon l'édition récente dans la Bibliothèque de la Pléiade : « Controverse destinée à montrer la vertu des indulgences (Les Quatre-vingt-quinze Thèses) », dans : *Œuvres*, Edition publiée sous la direction de M. Lienhard et M. Arnold, Paris, Gallimard, tome I, 1999, pp. 133-143 (pour l'appareil critique, cf. pp. 1255-1264). Cette partiedu livre reprend,en une version nouvelle, cinq articles publiés en octobre-novembre 1983 dans *Le Christianisme au XX*e siècle à l'occasion du 500ème anniversaire de Luther.

12. Luther a attribué cette affirmation à Tetzel, qui l'a niée énergiquement.
13. Formule inspirée par la thèse 17 de la « Controverse sur la théologie scolastique » de 1517 ; cf. *Œuvres*, *op. cit.*, tome I, p. 126.
14. Cette définition de l'angoisse s'inspire de S. KIERKEGAARD, *Le concept d'angoisse* (1844), dans : *Œuvres complètes*, Paris, Orante, 1973.
15. B. PASCAL, *Pensées*, éd. L. Lafuma, Paris, Seuil, 1962, p. 60s (N° 47).
16. S. KIERKEGAARD, *Discours chrétiens* (1848), dans : *Œuvres*, Paris, Orante, 1981, p. 68.
17. Formule inspirée d'un passage du grand commentaire de l'épître aux Galates (WA 40,1 ; 589,8).
18. Ademar DE BARROS, « Seigneur, j'ai fait un rêve », adaptation du brésilien, sans références.
19. Axel HONNETH, *The Struggle for Recognition*, Cambridge, 1995.
20. Formule inspirée par Paul TILLICH, *Le courage d'être*, Paris/Genève/Québec, Cerf/Labor et Fides/Presses de l'Université de Laval, 1999, p. 133.
21. WA 39,1 ; 282,16 (1537).
22. F. DÜRRENMATT, *La panne*, Paris, Albin Michel, 1958, p. 113s (traduction corrigée).
23. Commentaire de l'épître aux Romains de 1515/16, WA 56 ; 157, 5s.

24. Il y aurait là un très bon test pour la crédibilité de l'accord encore très hésitant de la « Déclaration commune » concernant le « simul iustus et peccator ».
25. *Op. cit.* (cf. ci-dessus, note 3), p. 80.
26. Cf. *Œuvres*, *op. cit.*, (cf. ci-dessus, note 11), tome I, pp. 837-863, surtout 846-850.
27. *Fides caritate formata*, en latin.
28. Lettre à Melanchthon du 1.8.1521, WAB 2; 372, 82-85 (lettre N° 424, pp. 370-372).
29. Lettre du 4.12.1539 à Georg Buchholzer : *Œuvres*, Genève, Labor et Fides, vol. 8, 1959, p. 168s.

CET OUVRAGE
A ÉTÉ ACHEVÉ D'IMPRIMER
PAR L'IMPRIMERIE FLOCH
À MAYENNE EN FÉVRIER 2000

N° d'impression : 48091
Dépôt légal : février 2000

(Imprimé en France)